ᴅᴇ ᴅᴏʀᴇ

sobre
Ciencia Mental

THOMAS TROWARD

WISDOM
COLLECTION

Título Original
"The Dore Lectures on Mental Science"

por
Thomas Troward
Juez Divisional de Punjab

Traducción de Marcela Allen

www.wisdomcollection.com

FIDES ET AMOR VERITAS ET ROBUR

PRESENTACIÓN

La presente edición es la traducción al español de la obra original publicada en el año 1909 y contiene una serie de conferencias realizadas por el Gran Científico Mental, Thomas Troward, en la Galería Doré, Londres, en conexión con el Centro de Pensamiento Superior Cheniston Gardens, Kensington.

Tanto este volumen como la publicación anterior "Las Conferencias de Edimburgo sobre Ciencia Mental", constituyen una lectura indispensable para todos quienes quieran profundizar en el conocimiento de las Leyes Universales. Estas enseñanzas le ayudarán a conectarse con la Inteligencia Infinita y aprenderá a usar sus poderes latentes para dar expresión a una vida llena de alegría, amor, belleza y perfección.

CONTENIDOS

I.   Entrando en el Espíritu   1

II.   Individualidad   9

III.   Nuevo Pensamiento y Nuevo Orden   19

IV.   La Vida del Espíritu   27

V.   Alfa y Omega   35

VI.   El Poder Creativo del Pensamiento   43

VII.   La Gran Afirmación   48

VIII.   Cristo - El Cumplimiento de La Ley   54

IX.   La Historia del Edén   62

X.   El Culto de Ishi   70

XI.   El Pastor y la Piedra   80

XII.   La Salvación es de los Judíos   88

PREFACIO

Las conferencias contenidas en este volumen fueron entregadas por mí en la Galería Doré, Bond Street, Londres, los Domingos de los tres primeros meses del presente año y ahora son publicadas por la amable solicitud de muchos de mis oyentes, de ahí su título "Las conferencias de Doré".

Un numero de discursos separados sobre una variedad de temas, necesariamente tiene la desventaja de la falta de continuidad y también es responsable de la frecuente repetición de ideas y expresiones, pero confío en que el lector perdonará estos defectos como inherentes a las circunstancias de la obra. Al mismo tiempo se verá que, aunque no están especialmente diseñados, hay un cierto desarrollo progresivo del pensamiento a través de la docenas de conferencias que componen este volumen, la razón es que todos pretenden expresar la misma idea fundamental, es decir, que aunque las leyes del universo nunca pueden romperse, pueden hacerse trabajar bajo condiciones especiales que producirán resultados que no podrían ser producidos bajo las condiciones espontáneamente proporcionadas por la naturaleza.

Este es un simple principio científico y nos muestra el lugar ocupado por el factor personal, esto es, de una inteligencia que ve más allá de la presente limitada manifestación de la Ley en su esencia real y que constituye así la instrumentalidad por la cual las posibilidades infinitas de la Ley pueden ser evocadas en formas de poder, utilidad y belleza.

Por lo tanto, cuanto más perfecto es el funcionamiento del factor personal, mayores serán los resultados desarrollados por la Ley Universal; y por esto nuestras líneas de estudio deberían ser dobles - por un lado, el estudio teórico de la acción de la Ley Universal y por otro, la adaptación práctica de nosotros mismos para hacer uso de ella; y si el presente volumen puede ayudar a algún lector en esta doble búsqueda, habrá respondido a su propósito.

Los diferentes temas necesariamente han sido tratados muy brevemente y las direcciones sólo pueden ser consideradas como sugerencias para las líneas de pensamiento que el lector será capaz de elaborar por sí mismo y por lo tanto no debe esperar la cuidadosa elaboración de los detalles que con mucho gusto habría otorgado si hubiera escrito exclusivamente sobre uno de estos temas. Este pequeño libro debe ser tomado sólo por lo que es, el registro de conversaciones fragmentarias con una audiencia muy indulgente, a quien agradecidamente dedico el volumen.

T.T.
5 de junio de 1909.

⌘

CONFERENCIAS
de
DORÉ

I

ENTRANDO EN EL ESPIRITU

Todos conocemos el significado de esta frase en nuestra vida diaria. El Espíritu es aquello que da vida y movimiento a cualquier cosa, de hecho, es lo que hace que exista. La idea del autor, la impresión del pintor, el sentimiento del músico, es aquello sin lo cual sus obras jamás podrían haber nacido y así, sólo cuando entramos en la *idea* que da lugar a la obra, es que podemos obtener todo el deleite y el beneficio que ella es capaz de otorgar. Si no podemos entrar en el Espíritu de ello - del libro, del cuadro, de la música- estos no tienen sentido para nosotros: para apreciarlos debemos compartir la actitud mental de su creador. Este es un principio universal; si no entramos en el Espíritu de una cosa, está muerta en lo que a nosotros respecta; pero si entramos en el espíritu de ello, nos reproducimos en la misma cualidad de vida que llevó a esa cosa a la existencia.

Ahora bien, si este es un principio general, ¿por qué no podemos llevarlo a un rango más alto? ¿Por qué no al punto más alto de todos? ¿No podemos entrar en el Espíritu originario de la Vida misma y así reproducirlo en nosotros mismos como una perpetua fuente de vida? Esto, sin duda, es una pregunta digna de nuestra cuidadosa consideración.

El espíritu de una cosa es aquello que es la fuente de su movimiento inherente y, por lo tanto, la pregunta que tenemos ante nosotros es, ¿cuál es la naturaleza del poder primario de movimiento que está detrás de la interminable gama de vida que vemos a nuestro alrededor, incluida nuestra propia vida? La ciencia nos da una base amplia al decir que no es material, ya que la ciencia ahora ha reducido, al menos teóricamente, todas las cosas materiales a un éter primario distribuido universalmente, cuyas innumerables partículas están en absoluto equilibrio; de lo cual se deduce, sólo por razones matemáticas, que el movimiento inicial que comenzó a concentrar el mundo y todas las sustancias materiales de las partículas del éter disperso, no podrían haberse originado en las propias partículas. Así, por una deducción necesaria de las conclusiones de la ciencia física, nos vemos obligados a reconocer la presencia de algún poder inmaterial capaz de separar determinadas áreas específicas para mostrar actividad cósmica y luego construir un universo material con todos sus habitantes, por una ordenada secuencia de evolución, en la cual cada etapa establece las bases para el desarrollo de la etapa que sigue - en una palabra nos encontramos cara a cara con un poder que exhibe, en una estupenda escala, las facultades de selección y adaptación de medios afines y así, distribuye energía y vida de acuerdo con un reconocible esquema de progresión cósmica. Por lo tanto, no sólo es Vida, sino también Inteligencia y la Vida guiada por la Inteligencia se convierte en Volición. Es a este poder originario primario que nos referimos cuando hablamos de "El Espíritu" y es en este Espíritu de todo el universo al cual debemos entrar si queremos reproducirlo como una fuente de Vida Original en nosotros mismos.

Ahora, en el caso de las producciones del genio artístico, sabemos que debemos entrar en el movimiento de la mente creativa del artista, antes de que podamos conocer el principio que da lugar a su obra. Debemos aprender a participar del sentimiento para encontrar la expresión de la cual es el motivo de su actividad creativa. ¿No podemos aplicar el mismo principio a la Gran Mente Creativa con la cual queremos tratar? Hay algo en la obra del artista que es semejante al de la creación original. Su obra, literaria, musical o gráfica, es la creación original en una escala en miniatura y, en esto, difiere de la del ingeniero, que es constructiva, o la del científico que es analítica; el artista en cierto sentido crea algo de la nada y comienza desde el punto de vista del simple sentimiento y no de una necesidad pre-existente. Esto, por la hipótesis del caso, es también cierto de la Mente Paterna, ya que en la etapa donde tiene lugar el movimiento inicial de la creación, no hay condiciones existentes que obliguen a la acción en una dirección más que en otra. En consecuencia, la dirección tomada por el impulso creativo no está dictado por circunstancias externas y, por lo tanto, el movimiento primario debe ser enteramente acción de la Mente Original sobre sí misma; es esta Mente buscando la realización de todo lo que se siente ser.

Por lo tanto, el proceso creativo en primera instancia es puramente una cuestión de sentimiento - exactamente como hablamos de "Motivo" en una obra de arte.

Ahora, es a este sentimiento original al cual debemos entrar, porque es la fuente y origen de toda la cadena de causalidad que sigue a continuación. Entonces, ¿qué puede ser este sentimiento original del Espíritu?

3

Puesto que el Espíritu es Vida en sí mismo, su sentimiento sólo puede ser para la expresión más plena de la Vida - cualquier otro tipo de sentimiento sería autodestructivo y, por lo tanto, inconcebible. Entonces la plena expresión de la Vida implica Felicidad, y la felicidad implica armonía, y la armonía implica orden, y el orden implica proporción, y la proporción implica belleza; así que, al reconocer la tendencia inherente del Espíritu hacia la producción de Vida, también podemos reconocer una similar tendencia inherente a la producción de estas otras cualidades; y puesto que el deseo de otorgar una vida plena y feliz sólo se puede describir como Amor, podemos resumir todo el sentimiento, que es el impulso original de movimiento en el Espíritu, como Amor y Belleza - el Espíritu encuentra expresión a través de formas de belleza en los centros de vida, en armoniosa relación recíproca con sí mismo. Esta es una declaración generalizada del amplio principio por el cual el Espíritu se expande, desde lo más interno a lo más externo, de acuerdo con una Ley de tendencia inherente en sí mismo.

Por así decirlo, se ve a sí mismo como si fuera reflejado en varios centros de vida y energía, cada uno con su forma apropiada; pero en primera instancia, estos reflejos no pueden tener existencia excepto dentro de la mente originadora. Tienen su primer comienzo como imágenes mentales, de modo que, además de los poderes de Inteligencia y Selección, también debemos reconocer que la Imaginación pertenece a la Mente Divina; y debemos imaginar estos poderes como trabajando desde el motivo inicial de Amor y Belleza.

Ahora bien, este es el Espíritu en el cual debemos entrar y el método de hacerlo es uno perfectamente lógico.

Es el mismo método por el cual se hace todo avance científico. Consiste en primero observar cómo funciona una determinada ley bajo las condiciones espontáneamente proporcionadas por la naturaleza, luego considerar cuidadosamente qué principio indica este trabajo espontáneo y, por último, deduciendo de esto cómo actuaría el mismo principio bajo condiciones especialmente seleccionadas, no proporcionadas espontáneamente por la naturaleza.

El progreso de la construcción naval es un buen ejemplo de lo que quiero decir. Anteriormente se empleaba madera en lugar de hierro, porque la madera flota en el agua y el hierro se hunde; sin embargo, ahora los navíos están construidos de hierro; un cuidadoso pensamiento mostró la ley de flotación: cualquier cosa podría flotar si el cuerpo es más ligero que la masa de líquido desplazado por el; y por eso nosotros ahora hacemos flotar el hierro por la misma ley por la cual se hunde, porque por la introducción del factor personal, proporcionamos condiciones que no ocurren espontáneamente - de acuerdo con la máxima esotérica de que "la naturaleza sin ayuda falla". Ahora queremos aplicar el mismo proceso de especialización de una Ley genérica a la primera de todas las leyes, la de la tendencia genérica dadora de vida del Espíritu mismo. Sin el elemento de la personalidad individual, el Espíritu sólo puede funcionar cósmicamente mediante una Ley genérica; pero esta ley admite una especialización mucho mayor y esta especialización sólo puede ser alcanzada mediante la introducción del factor personal. Pero para introducir este factor, el individuo debe ser plenamente consciente del principio que subyace a la acción espontánea o cósmica de la Ley. ¿Dónde hallará entonces este principio de Vida?

5

Ciertamente no contemplando la Muerte. Para que un principio funcione en la manera en que lo necesitamos, debemos observar su acción cuando está trabajando espontáneamente en esta dirección particular. Debemos preguntar por qué va en la dirección correcta en la medida en que lo hace – y habiendo aprendido esto, podremos ir más allá. La ley de flotación no se descubrió contemplando el hundimiento de las cosas, sino contemplando la flotación de las cosas, las cuales flotaban naturalmente, y luego preguntando inteligentemente por qué lo hacen.

El conocimiento de un principio debe ser adquirido por el estudio de su acción afirmativa; cuando entendemos que estamos en condiciones de corregir las condiciones negativas que tienden a evitar esa acción.

Ahora, la Muerte es la ausencia de Vida y la enfermedad es la ausencia de salud, entonces para entrar en el Espíritu de Vida necesitamos contemplarla donde se encuentra y no dónde no está - nos encontramos con la antigua pregunta: "¿Por qué buscas al que está vivo entre los muertos?" Es por eso que comenzamos nuestros estudios considerando la creación cósmica, pues es allí donde encontramos el Espíritu de Vida trabajando a través de edades incalculables, no simplemente como energía inmortal, sino con un perpetuo avance hacia los más altos grados de Vida. Si tan sólo pudiéramos entrar en el Espíritu para hacer personalmente en nosotros lo que evidentemente es en sí mismo, la obra magna sería realizada. Esto significa percibiendo nuestra vida como atraída directamente del Espíritu Originario; y si ahora entendemos que el Pensamiento o la Imaginación del Espíritu es la gran realidad del Ser, y que todos los hechos materiales son sólo correspondencias, entonces lógicamente deducimos que lo que tenemos que hacer es mantener nuestro lugar individual en el Pensamiento de la Mente Paterna.

Hemos visto que la acción de la Mente Originaria debe ser genérica, es decir, de acuerdo con tipos que incluyen multitudes de individuos. Este tipo es el reflejo de la Mente Creativa al nivel de ese genio particular; y en el nivel humano es el individuo, no como asociado con circunstancias particulares, sino como existente en el ideal absoluto.

Proporcionalmente entonces, cuando aprendemos a disociar nuestro concepto de nosotros mismos de circunstancias particulares y apoyarnos sobre nuestra naturaleza absoluta, como reflejos del ideal Divino, nosotros, a su vez, reflejamos en la imaginación Divina su concepto original de sí mismo como expresado en el hombre genérico o típico y así, por una ley natural de causa y efecto, el individuo que percibe esta actitud mental entra permanentemente en el Espíritu de Vida y se convierte en una perpetua fuente de Vida brotando espontáneamente dentro de él.

Entonces, él se da cuenta que es como dice la Biblia, "la imagen y semejanza de Dios". Ha alcanzado el nivel en el cual él ofrece un nuevo punto de partida para el proceso creativo y el Espíritu, encontrando un centro personal en él, comienza su trabajo de nuevo, habiendo resuelto así el gran problema de cómo permitir a lo Universal actuar directamente sobre el plano de lo Particular.

Es en este sentido - como proporcionando el centro necesario para una nueva salida del Espíritu Creativo - que se dice que el hombre es un "microcosmos", o un universo en miniatura; y esto es también lo que se entiende por la doctrina esotérica de la Octava, de la cual podré hablar más plenamente en otra ocasión.

Si los principios aquí expuestos son cuidadosamente considerados, verán que arrojarán luz sobre lo que de otro modo sería obscuro y también darán la clave para los ensayos siguientes.

Por lo tanto, se pide al lector que los examine cuidadosamente y que observe su conexión con el tema del siguiente artículo.

II

INDIVIDUALIDAD

La individualidad es el complemento necesario del Espíritu Universal, que fue el tema que consideramos el domingo pasado. Todo el problema de la vida consiste en encontrar la verdadera relación de lo individual con el Espíritu Originario Universal; y el primer paso para averiguar esto es reconocer lo que el Espíritu Universal debe ser en sí mismo. Hasta cierto punto, ya hemos hecho y las conclusiones a las que hemos llegado son:

(1) Que la esencia del Espíritu es Vida, Amor y Belleza.

(2) Que su Motivo o impulso primario de movimiento es expresar la Vida, el Amor y la Belleza que siente que es.

(3) Que lo Universal no puede actuar en el plano de lo Particular, excepto convirtiéndose en lo particular, es decir, en la expresión a través del individuo.

Si estos tres axiomas son claramente comprendidos, tendremos una base sólida desde la cual comenzar nuestra consideración del tema de hoy.

La primera pregunta que surge naturalmente es: si estas cosas son así, ¿por qué no todos los individuos expresan la vida, el amor y la belleza del Espíritu Universal?

La respuesta a esta pregunta se encuentra en la Ley de la Conciencia. No podemos ser conscientes de nada, excepto reconociendo una cierta relación entre ello y nosotros mismos. Debe afectarnos de alguna manera, de lo contrario no somos conscientes de su existencia; y de acuerdo con el modo en que nos afecta, nos reconocemos a nosotros mismos como estando relacionados con ello. Es este autorreconocimiento de nuestra parte, llevado a la suma total de todas nuestras relaciones, ya sean espirituales, intelectuales o físicas, lo que constituye nuestra comprensión de la vida.

Sobre este principio, entonces, para el reconocimiento de su propia Vivencia, se convierte en una necesidad para la Mente Originaria, la producción de centros de vida y a través de esta relación puede alcanzar este reconocimiento consciente. Entonces se deduce que este reconocimiento sólo puede ser completo cuando el individuo tiene la perfecta libertad de mantenerlo; pues de lo contrario no podría haber verdadero reconocimiento. Por ejemplo, consideremos el funcionamiento del Amor. El amor debe ser espontáneo, o no tiene existencia en absoluto. No podemos imaginar algo como el amor inducido mecánicamente. Porque cualquier cosa que se forme para producir automáticamente un efecto, sin ninguna voluntad propia, no es más que una pieza de un mecanismo. Por lo tanto, si la Mente Originaria reconoce la realidad del Amor, sólo puede ser mediante la relación con algún ser que tenga el poder de mantener el amor. Lo mismo se aplica al reconocimiento de todos los demás modos de vida; de manera que es sólo en proporción - ya que la vida individual es un centro independiente de acción, con la opción de actuar positivamente o negativamente -

que cualquier vida real ha sido producida. Cuanto más lejos esté lo creado de ser un arreglo mecánico, más alto es el grado de creación. El sistema solar es una perfecta obra de creación mecánica, pero para constituir centros que puedan corresponder a la naturaleza más elevada de la Mente Divina, no se requiere un mecanismo, por perfecto que sea, sino un centro mental que es en sí mismo, una fuente de acción independiente. Por lo tanto, por las exigencias del caso, el hombre debe ser capaz de colocarse a sí mismo en una relación positiva o negativa con la Mente Paterna, de la cual se origina; de lo contrario, no sería más que un mecanismo de relojería.

En esta necesidad del caso, entonces encontramos la razón por la cual la vida, el amor y la belleza del Espíritu, no se reproducen visiblemente en cada ser humano. Se reproducen en el mundo de la naturaleza, en la medida en que una acción mecánica y automática puede representarlas, pero su reproducción perfecta sólo puede tener lugar sobre la base de una libertad semejante a la del Espíritu Originario, lo que implica la libertad tanto de la negación como de la afirmación.

¿Por qué, entonces, el individuo hace una elección negativa? Porque él no entiende la ley de su propia individualidad y cree que es una ley de limitación, en lugar de una Ley de Libertad. Él no espera encontrar el punto de partida del Proceso Creativo reproducido dentro de sí mismo, y por eso mira el lado mecánico de las cosas para la base de su razonamiento sobre la vida. En consecuencia, su razonamiento lo lleva a la conclusión de que la vida es limitada, porque ha asumido limitación en sus premisas y así, lógicamente no puede escapar de ella en su conclusión. Entonces piensa que esta es la ley y ridiculiza la idea de trascenderla. Señala la secuencia de causa y efecto, por la cual la muerte, la enfermedad y el desastre, mantienen su influencia sobre el individuo y dice que esa secuencia es ley. Y él tiene toda la razón en lo que a eso respecta, es una ley; pero no La Ley. Cuando sólo hemos llegado a esta etapa de comprensión, aún tenemos que aprender que una ley superior puede incluir una inferior tan completamente como para tragarla enteramente.

La falacia involucrada en este argumento negativo, es la suposición de que la ley de limitación es esencial en todos los grados del ser. Es la falacia de los antiguos constructores navales como la imposibilidad de construir barcos de hierro. Lo que se requiere es llegar al principio que está detrás de la Ley en su trabajo afirmativo y especializarlo en condiciones más elevadas que las que se presentan espontáneamente por la naturaleza, y esto sólo puede hacerse mediante la introducción del elemento personal, es decir una inteligencia individual capaz de comprender el principio.

Entonces, la pregunta es, ¿cuál es el principio por el cual llegamos a ser? y esto es sólo una aplicación personal de la pregunta general: ¿Cómo todo llego a ser? Ahora bien, como señalé en el artículo anterior, la deducción última de la ciencia física es que el movimiento originario tiene lugar en la Mente Universal y es análogo al de nuestra propia imaginación; y como acabamos de ver, el ideal perfecto sólo puede ser el de un ser capaz de corresponder a *todas* las cualidades de la Mente Originaria. En consecuencia, el hombre, en su naturaleza más íntima, es el producto de la Mente Divina imaginando una imagen de sí misma en el plano de lo relativo como lo complementario de su propia esfera de lo absoluto.

Por lo tanto, si vamos al principio más íntimo en nosotros mismos, que tanto la filosofía como las Escrituras declaran, estar hecho a imagen y semejanza de Dios, en lugar de ir a los vehículos externos que exterioriza como instrumentos a través de los cuales puede funcionar en los diversos planos del ser, encontraremos que hemos llegado a un principio en nosotros mismos que va hacia todos nuestros vehículos y también hacia nuestro entorno. Está por encima de todos ellos y los crea, aunque no seamos conscientes del hecho y, relativamente a ellos, ocupa el lugar de primera causa. El reconocimiento de esto, es el descubrimiento de nuestra propia relación con todo el mundo de lo relativo. Por otra parte, esto no debe conducirnos al error de suponer que no hay nada más elevado, ya que como hemos visto, este principio más íntimo o ego, es en sí mismo el efecto de una causa antecedente, pues procede del proceso de imaginación en la Mente Divina.

Por lo tanto, nos encontramos en una posición intermedia entre la verdadera Primera Causa, por un lado, y el mundo de las causas secundarias, por el otro, y para comprender la naturaleza de esta posición, debemos recurrir al axioma que dice que lo Universal sólo puede trabajar en el plano de lo Particular a través del individuo. Entonces vemos que la función del individuo es diferenciar el flujo no distribuido de lo Universal en direcciones adecuadas para iniciar diferentes cadenas de causación secundaria.

El lugar del hombre en el orden cósmico es el de un distribuidor del poder Divino, sin embargo, sujeto a la Ley inherente del poder que él distribuye. Vemos un ejemplo de esto en la ciencia común, en el hecho de que nunca creamos fuerza; todo lo que podemos hacer es distribuirla. La misma palabra Hombre (Man, en inglés) significa distribuidor o medidor, como en común con todas las palabras derivadas de la raíz Sánscrita MN, implica la idea de medida, tal como en las palabras en inglés moon (luna), month (mes), mind (mente), man (hombre), el peso indio de ochenta libras; y es por esta razón que el hombre es mencionado en las Escrituras como un "mayordomo" o dispensador de los dones divinos. A medida que nuestras mentes se abren al pleno significado de esta posición, las inmensas posibilidades y también la responsabilidad contenida en ella, se harán evidentes.

Significa que el individuo es el centro creativo de su propio mundo. Nuestra experiencia pasada no ofrece ninguna evidencia en contra de esto, sino por el contrario, es evidencia a favor de ello. Nuestra verdadera naturaleza está siempre presente, sólo que hasta ahora hemos tomado el lado inferior y mecánico de las cosas para nuestro punto de partida y así hemos creado limitación en lugar de expansión. Y aun con el conocimiento que hemos alcanzado ahora sobre la Ley Creativa, continuaremos haciendo esto, si buscamos nuestro punto de partida en las cosas que están debajo de nosotros y no en lo único que está por encima de nosotros, es decir, la Mente Divina, porque es sólo allí donde podemos encontrar un Poder Creativo ilimitado.

La vida es *ser*, es la experiencia de estados de conciencia, y hay una correspondencia infalible entre estos estados internos y nuestras condiciones externas. Ahora, vemos de la Creación Original que el estado de conciencia debe ser la causa y las condiciones correspondientes, el efecto, porque al comienzo de la creación no existían condiciones y el funcionamiento de la Mente Creativa sobre sí misma solo puede haber sido un estado de conciencia. Entonces, claramente esto es el Orden Creativo - desde los estados a las condiciones. Pero nosotros invertimos este orden y buscamos crear de condición a estados. Decimos: si tuviera tales y tales condiciones produciría el estado de sentimiento que deseo; y al decir esto corremos el riesgo de cometer un error en cuanto a la correspondencia, pues puede resultar que las condiciones particulares que fijamos no son las que producirían el estado deseado. O, quizás, aunque pudieran producirlo en cierto grado, otras condiciones podrían producirlo en un grado aún mayor, mientras que al mismo tiempo abrirían el camino al logro de estados todavía más altos y aún mejores condiciones. Por lo tanto, nuestro plan más sabio es seguir el patrón de la Mente Paterna y hacer que el autorreconocimiento mental sea nuestro punto de partida, sabiendo que por la Ley inherente del Espíritu las condiciones correlacionadas vendrán por un proceso natural de crecimiento. Entonces el gran autorreconocimiento es ese de nuestra relación con la Mente Suprema. Ese es el centro generador y nosotros somos centros distribuidores; al igual que la electricidad es generada en la estación central y entregada en diferentes formas de poder por el paso a través de centros de distribución apropiados, de modo que en un lugar ilumina una habitación, en otro transmite un mensaje y en un tercero conduce un tranvía. De la misma manera, el poder de la Mente Universal toma formas particulares a través de la mente particular del individuo. No interfiere con las líneas de su individualidad, sino que trabaja a través de ellas, haciendo de sí mismo no menos, sino más. Por lo tanto, no es un poder que obliga, sino que expande e ilumina; de modo que cuanto más el individuo reconoce la acción recíproca entre él y este poder, se volverá más lleno de vida.

Entonces tampoco debemos preocuparnos por las condiciones futuras porque sabemos que el Poder Todo-originario está trabajando a través de nosotros y para nosotros y que, según la Ley probada por toda la creación existente, produce todas las condiciones requeridas para la expresión de la Vida, el Amor y la Belleza que él es, entonces podemos confiar plenamente en que nos abrirá el camino a medida que avanzamos. Las palabras del Gran Maestro, "No pienses en el mañana" - y nota que la traducción correcta es "No te preocupes" - son la aplicación práctica de la filosofía más sólida. Esto por supuesto, no significa que no debamos esforzarnos. Debemos hacer nuestra parte en el trabajo y no esperar que Dios haga por nosotros lo que él sólo puede hacer a través de nosotros. Debemos utilizar nuestro sentido común y nuestras facultades naturales para trabajar en las condiciones actuales. Debemos hacer uso de ellas, hasta donde vayan, pero no debemos intentar ir más allá de lo que las cosas actuales requieren; no debemos tratar de forzar las cosas, sino permitirles crecer naturalmente, sabiendo que lo están haciendo bajo la guía de la Sabiduría Todo-Creadora.

Siguiendo este método, aumentaremos cada vez más el hábito de mirar la actitud mental como la clave de nuestro progreso en la vida, sabiendo que todo lo demás debe venir de eso; y descubriremos además que nuestra actitud mental es eventualmente determinada por la forma en que consideramos la Mente Divina. Entonces el resultado final será que veremos que la Mente Divina no es otra cosa que Vida, Amor y Belleza - siendo la Belleza idéntica a la Sabiduría o el ajuste perfecto de las partes con el Todo - y nos veremos a nosotros mismos como centros de distribución de estas energías primarias y, a su vez, centros subordinados del poder creativo. Y a medida que avancemos en este conocimiento, descubriremos que trascendemos una ley de limitación tras otra al encontrar la ley superior, de la cual la inferior es sólo una expresión parcial, hasta que veremos claramente ante nosotros, como nuestro objetivo final, nada menos que la Perfecta Ley de la Libertad - no la libertad sin Ley, que es la anarquía - sino la Libertad según la Ley. De esta manera, encontraremos que el apóstol habló la verdad literal, cuando dijo, que "seremos semejantes a él, porque le veremos tal como él es", porque todo el proceso por el cual se produce nuestra individualidad es el reflejo de la imagen existente en la Mente Divina.

Cuando aprendamos la Ley de nuestro propio ser, seremos capaces de especializarla en formas que hasta ahora no hemos tenido conocimiento, pero como en el caso de todas las leyes naturales la especialización no puede tener lugar sino hasta que el principio fundamental de la ley genérica ha sido reconocido plenamente. Por estas razones, el estudiante debe esforzarse por reconocer más y más perfectamente, tanto en la teoría como en la práctica, la ley de la relación entre la Mente Universal y la Mente Individual. Es la de la acción recíproca. Si se comprende este hecho de reciprocidad, se verá que explica por qué el individuo no alcanza a expresar la plenitud de Vida, que es el Espíritu, y por qué puede alcanzar la plenitud de esa expresión; así como la misma ley explica por qué el hierro se hunde en el agua y cómo se puede hacer flotar. Es la individualización del Espíritu Universal, reconociendo su reciprocidad con nosotros mismos, ese es el secreto de la perpetuación y el crecimiento de nuestra propia individualidad.

III

EL NUEVO PENSAMIENTO Y EL NUEVO ORDEN

En las dos conferencias anteriores me he esforzado por llegar a alguna concepción de lo que el Espíritu Todo-originario es en sí mismo, y de la relación del individuo con él. En la medida en que podemos formar alguna concepción de estas cosas, vemos que son principios universales aplicables a toda la naturaleza y, a nivel humano, aplicables a todos los hombres: son leyes generales cuyo reconocimiento es un preliminar esencial para cualquier progreso posterior, porque el progreso se hace, no dejando de lado la ley inherente de las cosas, lo que es imposible, sino especializándola mediante la presentación de condiciones que permitan que el mismo principio actúe de manera menos limitada.

Por lo tanto, habiendo obtenido una idea general de estos dos últimos - lo universal y lo individual - y de su relación del uno hacia el otro, vamos ahora a considerar el proceso de especialización. ¿En qué consiste la especialización de una ley natural? Consiste en hacer que esa ley o principio produzca un efecto que no podría producir en las simples condiciones genéricas proporcionadas espontáneamente por la naturaleza. Esta selección de condiciones adecuadas es el trabajo de la Inteligencia, es un proceso de arreglar conscientemente las cosas en un nuevo orden, para producir un nuevo resultado. El principio nunca es nuevo, porque los principios son eternos y universales; pero el conocimiento de que el mismo principio producirá nuevos resultados cuando trabaja bajo nuevas condiciones, es la clave para el despliegue de infinitas posibilidades. Entonces, lo que tenemos que considerar es el trabajo de la Inteligencia en proporcionar condiciones específicas para el funcionamiento de los principios universales, a fin de producir nuevos resultados que trascenderán nuestras experiencias pasadas. El proceso no consiste en la introducción de nuevos elementos, sino en hacer nuevas combinaciones con los elementos que han estado siempre presentes; tal como nuestros antepasados no tenían idea que los carruajes podían ir sin caballos y, sin embargo, por una adecuada combinación de los elementos que han estados siempre en existencia, tales vehículos son objetos comunes en nuestras calles hoy en día. ¿Cómo, entonces, el poder de la inteligencia puede ser puesto sobre la ley genérica de la relación entre lo individual y lo universal, con el fin de especializarlo en la producción de resultados mayores que los que hemos obtenido hasta ahora?

Todos los logros prácticos de la ciencia, que ponen en ventaja al mundo civilizado de hoy con respecto a los tiempos del rey Alfredo o Carlomagno, se han obtenido por un método uniforme y muy sencillo. Es siempre preguntando cuál es el factor afirmativo en cualquier combinación existente y preguntándonos por qué, en esa combinación particular, no actúa más allá de ciertos límites. ¿Qué es lo que hace que aquello sea un éxito, hasta donde llega, y qué le impide ir más lejos? Entonces, considerando cuidadosamente la naturaleza del factor afirmativo, vemos qué tipo de condiciones proporcionar para permitir que se exprese más plenamente. Este es el método científico; ha demostrado ser verdadero respecto de las cosas materiales y no hay ninguna razón por la cual no debe ser igualmente confiable también con respecto a las cosas espirituales.

Tomando esto como nuestro método, preguntamos: ¿Cuál es el factor afirmativo en toda la creación y en nosotros mismos como incluidos en la creación? y, como vimos en la primera conferencia, este factor es el Espíritu - ese poder invisible el cual concentra el éter primordial en formas y dota a esas formas con diversos modos de movimiento, desde el movimiento simplemente mecánico del planeta hasta el movimiento volitivo en el hombre. Y, dado que esto es así, el factor afirmativo primario sólo puede ser el Sentimiento y el Pensamiento del Espíritu Universal (Ver mis "Conferencias de Edimburgo sobre Ciencia Mental").

Ahora, por la hipótesis del caso, el Espíritu Universal debe ser la Esencia Pura de Vida y, por lo tanto, su sentimiento y pensamiento sólo puede ser hacia la continuamente creciente expresión de Vida, la cual él es; y por consiguiente, la especialización que buscamos debe estar alineada en ofrecerle un centro desde el cual pueda perfectamente manifestar este sentimiento y expresar este pensamiento: en otras palabras, la manera de especializar el principio genérico del Espíritu es proporcionando nuevas condiciones mentales en consonancia con su propia naturaleza original.

Por lo tanto, el método científico de investigación nos lleva a la conclusión de que las condiciones requeridas para traducir la operación racial o genérica del Espíritu en una operación individual especializada, es una nueva manera de pensar - un modo de pensamiento que esté de acuerdo y no en oposición, con el movimiento de avance esencial del propio Espíritu Creativo. Esto implica una inversión total de nuestras antiguas concepciones. Hasta ahora hemos tomado las formas y condiciones como punto de partida de nuestro pensamiento e inferido que son las causas de los estados mentales; ahora hemos aprendido que el verdadero orden del proceso creativo es exactamente lo inverso y que el pensamiento y el sentimiento son las causas, y las formas y condiciones son los efectos. Cuando hemos aprendido esta lección, hemos comprendido el principio fundamental sobre el cual la especialización individual de la ley genérica del proceso creativo se convierte en una posibilidad práctica.

El Nuevo Pensamiento, entonces, no es el nombre de una secta en particular, sino que es el factor esencial por el cual se llevará a cabo nuestro futuro desarrollo; y su esencia consiste en ver la relación de las cosas en un Nuevo Orden. Hasta ahora hemos invertido el verdadero orden de causa y efecto; ahora, al considerar cuidadosamente la verdadera naturaleza del Principio de Causación en sí mismo - causa causans como distinto de la causa causata - volvemos al verdadero orden y adoptamos un nuevo método de pensamiento de acuerdo con el.

En sí mismo, este orden y este método de pensamiento no son nuevos. Son más antiguos que la fundación del mundo, porque son los del propio Espíritu Creativo; y a lo largo de los siglos esta enseñanza ha sido transmitida bajo diversas formas, cuyo verdadero significado sólo ha sido percibido por unos pocos en cada generación. Pero a medida que la luz penetra sobre cualquier individuo es una nueva luz para él, y así sucesivamente para cada uno se convierte en el Nuevo Pensamiento. Y cuando alguien lo alcanza, él se encuentra en un Nuevo Orden. Él continúa siendo incluido en el orden universal del cosmos, pero en una manera totalmente diferente a lo que él había supuesto previamente; porque, desde su nuevo punto de vista, se da cuenta que él está incluido, no tanto como parte del efecto general, sino como parte de la causa general; y cuando percibe esto, entonces ve que el método de su avance debe ser dejando que la Causa General fluya cada vez más libremente hacia su centro específico y, por lo tanto, procura proporcionar condiciones de pensamiento que le permitan hacerlo.

Entonces, aun empleando el método científico de seguimiento del factor afirmativo, se da cuenta de que este poder causativo universal - por cualquier nombre que lo llame - se manifiesta como Inteligencia Suprema en la adaptación de los medios a los fines. Lo hace en el mecanismo del planeta, en la producción de suministros para el sostenimiento de la vida física y en el mantenimiento de la raza en su conjunto. Es cierto que el investigador se encuentra a cada paso con un fracaso individual, pero su respuesta a esto es que no hay fracaso cósmico y que el aparente fracaso individual es en sí mismo una parte del proceso cósmico y disminuirá a medida que el individuo alcance el reconocimiento del Principio de Movimiento de ese proceso y proporcione las condiciones necesarias para que pueda tomar un nuevo punto de partida en su propia individualidad. Ahora bien, una de estas condiciones es reconocerlo como Inteligencia y recordar que al trabajar a través de nuestra propia mentalidad no cambia en modo alguno su naturaleza esencial, así como la electricidad no pierde ninguna de sus cualidades esenciales al pasar a través del aparato especial que le permite manifestarse como luz. Cuando vemos esto, nuestra línea de pensamiento funcionará como sigue:

"Mi mente es un centro de operación Divina. La operación Divina es siempre por expansión y una expresión más plena y esto significa la producción de algo más allá de lo que ha pasado antes, algo completamente nuevo, no incluido en la experiencia pasada, aunque procede de ella por una ordenada secuencia de crecimiento. Por lo tanto, puesto que el Divino no puede cambiar su naturaleza inherente, debe operar de la misma manera en mí; en consecuencia, en mi propio mundo especial, del cual yo soy el centro, avanzará para producir nuevas condiciones, más allá de todas las que han ido antes".

Esta es una legítima línea de argumento, desde las premisas establecidas en el reconocimiento de la relación entre el individuo y la Mente Universal; y hace que miremos a la Mente Divina, no sólo como creativa, sino también como directiva - es decir, como determinante de las formas reales que tomarán las condiciones para su manifestación en nuestro propio mundo particular, y así también suministrar la energía para su producción. Perderemos el punto de la relación entre lo individual y lo universal si no vemos que el Espíritu Originario es un poder formador. Es el poder que da forma a través de la naturaleza y si lo especializamos debemos aprender a confiar en su cualidad formativa al operar desde su nuevo punto de partida en nosotros mismos.

Pero la pregunta surge naturalmente, si esto es así, ¿Cuál es la parte que toma el individuo? Nuestra parte es proporcionar un centro concreto alrededor del cual las energías Divinas puedan operar. En el orden genérico del ser, ejercemos sobre él una fuerza de atracción de acuerdo con el patrón innato de nuestra individualidad particular; y a medida que comenzamos a percibir la Ley de esta relación, nosotros somos atraídos hacia lo Divino siguiendo las líneas de menor resistencia, es decir, aquellas líneas que son más naturales para nuestra especial inclinación mental. De esta manera arrojamos ciertas aspiraciones con el resultado de que intensificamos nuestra atracción de las fuerzas Divinas en una determinada manera específica, y entonces comienzan a actuar tanto a través de nosotros como a nuestro alrededor de acuerdo con nuestras aspiraciones. Esta es la lógica de la acción recíproca entre la Mente Universal y la mente individual, y esto nos muestra que nuestros deseos no deben dirigirse tanto a la adquisición de cosas particulares sino a la reproducción en nosotros mismos de fases particulares de la actividad del Espíritu y esto, estando en su propia naturaleza creativa, está obligado a exteriorizarse como cosas y circunstancias correspondientes. Entonces, cuando estos hechos externos aparecen en el círculo de nuestra vida objetiva, debemos trabajar sobre ellos desde el punto de vista objetivo. Aquí es donde muchos no llegan a completar el trabajo. Ellos reconocen el proceso subjetivo o creativo, pero no ven que debe ser seguido por un proceso objetivo o constructivo y, por consiguiente, son soñadores poco prácticos y nunca alcanzan el estado del trabajo terminado. El proceso creativo trae a nuestras manos los materiales y las condiciones para el trabajo; entonces debemos hacer uso de ellos con diligencia y sentido común -Dios proveerá los alimentos, pero él no va a cocinar la cena.

Entonces, esta es la parte que toma el individuo y es así que se convierte en un centro de distribución de la energía divina, no tratando de conducirlo como una fuerza ciega, ni tampoco estando él mismo bajo un impulso ciego e irrazonable. Él recibe dirección porque busca dirección; y él busca y recibe de acuerdo con una ley que él es capaz de reconocer; de modo que no sacrifica su libertad ni empequeñece sus poderes, así como un ingeniero se somete a las leyes genéricas de la electricidad, para aplicarlas a algún propósito específico Cuanto más íntimo sea su conocimiento de esta Ley de Reciprocidad, más descubrirá que conduce a la Libertad, siguiendo el mismo principio por el cual encontramos en la ciencia física que la naturaleza nos obedece precisamente en el mismo grado en que primero obedecemos a la naturaleza. Como dice la máxima esotérica: "Lo que es verdad en un plano es verdad en todos". Pero la clave de esta emancipación del cuerpo, mente y circunstancias está en ese nuevo pensamiento que se vuelve creativo de nuevas condiciones, porque reconoce el verdadero orden del proceso creativo.

Por lo tanto, si queremos traer un nuevo orden de Vida, Luz y Libertad a nuestras vidas, debemos comenzar trayendo un nuevo orden a nuestro pensamiento y encontrar en nosotros mismos el punto de partida de una nueva serie creativa, no por la fuerza de voluntad personal, sino por la unión con el Espíritu Divino que, en la expresión de su inherente Amor y Belleza, hace nuevas todas las cosas.

IV

LA VIDA DEL ESPIRITU

Las tres conferencias anteriores han tocado ciertas verdades fundamentales en un orden definido – primero, la naturaleza del Espíritu Originario mismo; luego la relación genérica del individuo con este Espíritu que Abarca-Todo y, por último, la manera de especializar esta relación para obtener mejores resultados de aquellos que surgen espontáneamente por su simple acción genérica, y hemos encontrado que esto sólo puede hacerse a través de un nuevo orden de pensamiento. Esta secuencia es lógica porque implica un Poder, un Individuo que entiende el Poder y un Método de aplicar el poder deducido de la comprensión de su naturaleza. Estos son principios generales, sin la comprensión de ellos es imposible seguir adelante, pero suponiendo que el lector ha captado su significado, podemos ahora considerar su aplicación con mayor detalle.

Ahora bien, esta aplicación debe ser personal, porque es sólo a través del individuo que puede tener lugar la mayor especialización del poder, pero al mismo tiempo esto no debe llevarnos a suponer que el individuo por sí mismo, trae la fuerza creativa a existencia. Suponer esto es inversión; y no podemos impresionar con suficiente profundidad en nosotros mismos, que la relación del individuo con el Espíritu Divino es la de un distribuidor y no la del creador original. Si firmemente se tiene esto en mente, el camino se hará claro, de lo contrario nos conducirá a la confusión.

¿Cuál, entonces, es el Poder que debemos distribuir? Es el Espíritu Originario mismo. Estamos seguros de esto porque el nuevo orden de pensamiento siempre comienza al principio de cualquier serie que considera llevar a la manifestación, y se basa en el hecho de que el origen de todo es el Espíritu. Es en esto que reside su poder creativo; por lo tanto, la persona que está en el verdadero nuevo orden de pensamiento, asume como un hecho axiomático que lo que tiene que distribuir o diferenciar en manifestación no es otra cosa que el Espíritu Originario. Siendo éste el caso, es evidente que el propósito de la distribución debe ser la expresión más perfecta del Espíritu Originario como lo que es en sí mismo, y lo que es en sí mismo es enfáticamente Vida. Lo que busca expresión, entonces, es la perfecta Vivencia del Espíritu; y esta expresión se encuentra, a través de nosotros mismos, por medio de nuestro renovado modo de pensamiento.

Veamos, entonces, cómo es probable que funcione nuestro nuevo orden de pensamiento, con respecto al Principio de Vida. En nuestro antiguo orden de pensamiento siempre hemos asociado la Vida con el cuerpo físico – la vida ha sido para nosotros el supremo hecho físico. No obstante, ahora sabemos que la Vida es mucho más que esto; pero, como el mayor incluye al menor, incluye la vida física como un modo de su manifestación. El verdadero orden no requiere que neguemos la realidad de la vida física o que la llamemos ilusión; por el contrario, ve en la vida física la culminación de una gran serie creativa, pero le asigna el lugar apropiado en esa serie, que es lo que el antiguo modo de pensamiento no hacía.

Cuando reconocemos la verdad sobre el Proceso Creativo, vemos que la vida originaria no es física: su vivencia consiste en pensamiento y sentimiento. Mediante este movimiento interno arroja vehículos a través de los cuales funciona, y éstos se convierten en formas vivientes por el principio interno que las sostiene; de modo que la Vida con la cual estamos primeramente interesados en el nuevo orden, es la vida del pensamiento y del sentimiento en nosotros mismos como el vehículo, o el medio distribuidor de la vida del Espíritu.

Entonces, si hemos captado la idea del Espíritu como el gran Poder Formador - como hemos establecido en la última lección - buscaremos en él la fuente de la Forma, así como del Poder: y como una deducción lógica de esto, vamos a mirarlo a él para dar forma a nuestros pensamientos y sentimientos. Si el principio es reconocido, la secuencia es obvia. La forma que toman nuestras condiciones exteriores, ya sea de cuerpo o circunstancia, depende de la forma que toman nuestros pensamientos y sentimientos, y nuestros pensamientos y sentimientos tomarán forma de esa fuente de la cual permitiremos recibir sugestiones. En consecuencia, si permitimos aceptar sus sugestiones fundamentales de lo relativo y lo limitado, asumirán una forma correspondiente y la transmitirán a nuestro entorno externo, repitiendo así el antiguo orden de limitación en una incesante ronda recurrente. Ahora nuestro objetivo es salir de este círculo de limitación y la única manera de hacerlo, es conseguir que nuestros pensamientos y sentimientos se moldeen en nuevas formas avanzando continuamente hacia una perfección cada vez mayor. Para cumplir con este requisito, por lo tanto, debe haber un poder formador mayor que el de nuestras propias concepciones, y esto se encuentra en nuestro reconocimiento del Espíritu como la Suprema Belleza o Sabiduría, moldeando nuestros pensamientos y sentimientos en formas armoniosamente ajustadas a la expresión más plena, en nosotros y a través de nosotros, de la Vivencia que el Espíritu es en sí mismo.

Ahora, esto no es más que transferir al plano más interno del origen, un principio con el cual todos los lectores que están "en el pensamiento" deben estar familiarizados: el principio de Receptividad. Todos sabemos lo que significa una actitud mental receptiva cuando se aplica a la curación o la telepatía; y ¿no se deduce lógicamente que el mismo principio se puede aplicar a la recepción de la Vida misma desde la Fuente Suprema? Lo que se quiere, entonces, es colocarnos en una actitud mental receptiva hacia el Espíritu Universal con la intención de recibir su influencia formadora en nuestra sustancia mental. Siempre es la presencia de una intención definida lo que distingue la inteligente actitud receptiva de la mente, de la simple absorción como esponja, la cual absorbe toda y cada una de las influencias que pueda estar flotando alrededor; porque no debemos cerrar los ojos al hecho de que hay varias influencias en la atmósfera mental por las cuales estamos rodeados, y algunas muy indeseables. Por tanto, la intención clara y definida es necesaria tanto en nuestra actitud receptiva como en la actitud activa y creativa; y si nuestra intención es tener nuestros propios pensamientos y sentimientos moldeados en formas tales como para expresar los del Espíritu, entonces establecemos esa relación con el Espíritu que, por las condiciones del caso, debe necesariamente conducirnos a la concepción de nuevos ideales vitalizados por un poder que nos permitirá llevarlos a la manifestación concreta. De esta manera, nos convertimos en centros diferenciadores del Pensamiento Divino, dándole expresión en forma en el mundo del espacio y del tiempo, resolviendo así el gran problema de permitir que lo Universal actúe sobre el plano de lo particular sin ser obstaculizado por las limitaciones que la ley meramente genérica de la manifestación impone sobre ella. Precisamente aquí es donde la mente subconsciente realiza la función de un "puente" entre lo finito y lo infinito, tal como se señala en mis "Conferencias de Edimburgo sobre Ciencia Mental" (Capitulo 5), y es por esta razón que un reconocimiento de su susceptibilidad a la impresión es tan importante.

Al establecer, entonces, una relación personal con la vida del Espíritu, la esfera de lo individual se agranda. La razón es que permite que una inteligencia mayor que la suya tome la iniciativa; y puesto que sabe que esta Inteligencia es también el Principio mismo de la Vida, no puede temer que actúe en modo alguno a la disminución de su vida individual, pues eso sería invalidar su propia operación - sería una acción autodestructiva, lo cual es una contradicción en términos de la concepción del Espíritu Creativo. Sabiendo, por lo tanto, que por su naturaleza inherente esta Inteligencia sólo puede trabajar para la expansión de la vida individual, podemos descansar sobre ella con la máxima seguridad y confiar en ella para tomar una iniciativa que conducirá a resultados mucho mayores que cualquiera que podríamos pronosticar desde el punto de vista de nuestro propio conocimiento. Si insistimos en dictar la forma particular que debe tomar la acción del Espíritu, la limitamos y nos cerramos a avenidas de expansión que de otra manera se nos habrían abierto; y si nos preguntamos por qué hacemos esto, descubriremos que en última instancia es porque no creemos en el Espíritu como un Poder Formador. De hecho, hemos avanzado en la concepción de él como un poder ejecutor que funcionará según un patrón prescrito, pero todavía nos falta comprender su concepción como versado en el arte del diseño y capaz de elaborar esquemas de construcción que no sólo serán completos en sí mismos, sino también en perfecta armonía entre sí.

Cuando avanzamos hacia la concepción del Espíritu como conteniendo en sí mismo el ideal de la Forma, así como el Poder, cesaremos el esfuerzo de tratar de forzar las cosas en una forma particular, ya sea en el plano interior o exterior y confiaremos en la inherente armonía o Belleza del Espíritu para producir combinaciones mucho mejores de las que podríamos concebir por nosotros mismos. Esto no significa que debemos reducirnos a una condición de apatía, en la cual todo deseo, expectación y entusiasmo han sido apagados, porque éstos son el motor principal de nuestra maquinaria mental; sino que, por el contrario, su acción será acelerada por el conocimiento de que detrás está trabajando un Principio Formativo tan infalible que no puede fallar su marca; de modo que, por buenas y bellas que sean las formas existentes, siempre podremos descansar en la feliz expectativa de que vendrá algo aún mejor. Y vendrá por una ley natural de crecimiento, porque el Espíritu es en sí mismo el Principio de Aumento. Crecerán más allá de las condiciones actuales por la sencilla razón de que si vas a alcanzar algún punto más adelante, sólo puede ser partiendo de donde estás ahora. Por lo tanto, está escrito: "No desprecies el día de las cosas pequeñas". Sólo hay una condición unida a este movimiento de avance del Espíritu en el mundo de nuestro propio entorno, y es que debemos cooperar con él; y esta cooperación consiste en hacer el mejor uso de las condiciones existentes, con la alegre confianza que el Espíritu de Aumento se expresa a través de nosotros y para nosotros, porque estamos en armonía con él.

Esta actitud mental será de inmenso valor para liberarnos de la preocupación y la ansiedad y como consecuencia, nuestro trabajo se hará de una manera mucho más eficiente. Haremos el trabajo presente por su propio bien, sabiendo que aquí está el principio del desarrollo; y haciéndolo simplemente por su propio bien, traeremos sobre él un poder de concentración que no puede fallar en sus buenos resultados - y esto de forma bastante natural y sin ningún agotador esfuerzo. Entonces descubriremos que el secreto de la cooperación es tener fe en nosotros mismos porque primero tenemos fe en Dios; y descubriremos que esta autoconfianza divina es algo muy diferente de un jactancioso egoísmo que asume una superioridad personal sobre los demás. Es simplemente la seguridad de un hombre que sabe que está trabajando de acuerdo con una ley de la naturaleza. No declara como logro personal lo que la Ley hace por él; pero, por otro lado, no se preocupa de las protestas contra su presuntuosa audacia planteada por personas que ignoran la Ley que está empleando. Por lo tanto, él no es ni jactancioso ni tímido, sino que simplemente trabaja con alegre expectativa porque sabe que su confianza está en una Ley que no puede ser quebrantada.

De esta manera, entonces, debemos comprender que la Vida del Espíritu es también la Ley del Espíritu. Los dos son idénticos y no pueden negarse a sí mismos. Nuestro reconocimiento de ellos les da un nuevo punto de partida a través de nuestra propia mentalidad, pero siguen siendo los mismos en su naturaleza y a menos que sean limitados o invertidos por nuestra afirmación mental de condiciones limitadas o invertidas, están obligados a trabajar hacia una expresión continuamente más completa y más plena de Vida, Amor y Belleza que el Espíritu es en sí mismo.

Nuestro camino, por lo tanto, es claro; es simplemente contemplar la Vida, el Amor y la Belleza del Espíritu Originario y afirmar que ya estamos dando expresión a él en nuestros pensamientos y en nuestras acciones, por insignificantes que puedan parecer en la actualidad. Este camino puede ser muy estrecho y humilde en sus comienzos, pero crece cada vez más y se eleva más alto, porque es la expresión continuamente expansiva de la Vida del Espíritu que es infinita y no conoce límites.

V

ALFA Y OMEGA

Alfa y Omega, el Primero y el Último. ¿Qué significa esto? Significa toda la serie de causalidad desde el primer movimiento originario hasta el resultado final y completo. Podemos tomar esto en cualquier escala, desde la creación de un cosmos hasta la creación de un vestido para dama. Todo tiene su origen en una idea, un pensamiento; y tiene su culminación en la manifestación de ese pensamiento en forma. Muchas etapas intermedias son necesarias, pero el Alfa y el Omega de la serie son el pensamiento y el objeto. Esto nos muestra que en esencia el objeto ya existía en el pensamiento. Omega ya es potencial en Alfa, así como en el sistema Pitagórico se dice que todos los números proceden de la unidad y que son resolubles de regreso en ella.

Ahora bien, es este principio general de la existencia del objeto en el pensamiento, lo que tenemos que comprender y así como lo encontramos verdadero en el diseño del arquitecto de la casa que va a hacer, vemos que es cierto en la gran obra del Arquitecto del Universo. Cuando vemos esto, hemos comprendido un principio general, que encontramos en funcionamiento en todas partes. Ese es el significado de un principio general: puede aplicarse a cualquier tema; y la utilidad de estudiar los principios generales es darles una aplicación particular en cualquier cosa con la que tengamos que tratar. Ahora, con lo que tenemos que tratar más que nada, es con nosotros mismos, y así llegamos a la consideración del Alfa y el Omega en el ser humano. En la visión de San Juan, quien pronuncia las palabras: "Yo soy el Alfa y el Omega, el Primero y el Último", se describe como "Semejante al hijo del hombre" - es decir, por muy trascendente que sea la apariencia en la visión, es esencialmente humano y, por lo tanto, nos sugiere la presencia del principio universal en el nivel humano. Pero la figura en la visión apocalíptica no es la del hombre como lo conocemos comúnmente. Es el del Omega, como subsistiendo consagrado en Alfa: es el ideal de la humanidad como subsistiendo en la Mente Divina, la cual se manifestó en forma objetiva a los ojos del vidente y así, presentó el Alfa y el Omega de esa idea en toda la majestad de la gloria Divina.

Si comprendemos la verdad de que el objeto ya existe en el pensamiento, ¿no vemos que este Omega trascendente ya debe existir en el ideal Divino de cada uno de nosotros? Si no lo es en el plano del tiempo absoluto, entonces ¿no significa que esta humanidad glorificada es un hecho presente en la Mente Divina? Y si esto es así, entonces este hecho es eternamente verdadero con respecto a cada ser humano. Pero si es cierto que el objeto existe en el pensamiento, es igualmente cierto que el pensamiento encuentra forma en el objeto; y puesto que las cosas existen bajo las condiciones relativas del tiempo y del espacio, están necesariamente sujetas a una ley de Crecimiento, de modo que mientras la subsistencia del objeto en el pensamiento es perfecta *ab initio*, la expresión del pensamiento en el objeto es una cuestión de desarrollo gradual. Este es un punto que nunca debemos perder de vista en nuestros estudios; y nunca debemos perder de vista la perfección del objeto en el pensamiento porque todavía no vemos la perfección del pensamiento en el objeto. Por lo tanto, debemos recordar que el hombre, tal como lo conocemos ahora, de ninguna manera ha alcanzado lo último de su evolución. Sólo estamos en proceso, pero hemos llegado a un punto en el que podemos facilitar el proceso evolutivo mediante la cooperación consciente con el Espíritu Creativo. Nuestra participación en este trabajo comienza con el reconocimiento del ideal Divino del hombre, y así encontrar el patrón por el cual debemos guiarnos. Puesto que la persona que se crea a partir de este modelo se refiere a nosotros mismos, se deduce que, por cualquier proceso que el ideal divino se transforme en realidad concreta, el lugar donde estos procesos deben trabajar debe ser dentro de nosotros mismos; en otras palabras, la acción creativa del Espíritu se lleva a cabo a través de las leyes de nuestra propia mentalidad. Si es verdadera la máxima que el objeto debe tomar forma en el pensamiento, antes de que el pensamiento pueda tomar forma en el objeto, entonces está claro que el Ideal Divino sólo puede ser externalizado en nuestra vida objetiva en la medida en que se forme primero en nuestro pensamiento; y toma forma en nuestro pensamiento sólo en la medida en que comprendemos su existencia en la Mente Divina. Por la naturaleza de la relación entre la Mente individual y la Mente Universal es estrictamente un caso de reflejo; y en la proporción en que el espejo de nuestra propia mente refleje borrosamente o claramente la imagen del ideal divino, así también dará lugar a una reproducción igualmente débil o vigorosa en nuestra vida externa.

Siendo esta la razón fundamental del asunto, ¿por qué deberíamos limitar nuestra concepción del ideal Divino de nosotros mismos? Por qué debemos decir: "Soy una criatura demasiado inferior para reflejar una imagen tan gloriosa" - o "Dios nunca pretendió que un ideal tan ilimitado fuera reproducido en los seres humanos". Al decir tales cosas, exponemos nuestra ignorancia de toda la Ley del Proceso Creativo. Cerramos los ojos al hecho de que el Omega de la culminación ya subsiste en el Alfa de la concepción, y que el Alfa de la concepción no sería más que una falsa ilusión si no fuera capaz de expresión en el Omega de la culminación. El proceso creativo en nosotros es que nos convertimos en el reflejo individual de lo que reconocemos que es Dios con respecto a nosotros mismos y, por lo tanto, si percibimos al Espíritu Divino como el potencial infinito de todo lo que puede constituir un ser humano perfeccionado, esta concepción debe, por la Ley del Proceso Creativo, gradualmente construir una imagen correspondiente en nuestra mente, la cual a su vez actuará sobre nuestras condiciones externas.

Esto, según las leyes de la mente, es la naturaleza del proceso y nos muestra lo que San Pablo quiere decir cuando habla de Cristo formado en nosotros (Gálatas 4:19) y lo que en otro lugar llama siendo renovado en el conocimiento conforme a la imagen de Aquel que nos creó (Colosenses 3:10). Es una secuencia de causa y efecto completamente lógica y lo que necesitamos es ver más claramente la Ley de esta secuencia y usarla inteligentemente - es por eso que San Pablo habla de ser "renovado en conocimiento": es un Nuevo Conocimiento, el reconocimiento de principios que no habíamos aprehendido previamente. Ahora, el hecho que no hemos comprendido en nuestra experiencia pasada, es que la mente humana forma un nuevo punto de partida para la obra del Espíritu Creativo; y en la medida en que vemos esto cada vez más claramente, más nos encontraremos entrando en un nuevo orden de vida en el cual estaremos cada vez menos sujetos a las antiguas limitaciones. Esto no es una recompensa que se nos otorga arbitrariamente por mantener dogmáticamente ciertas declaraciones verbales, sino que es el resultado natural de entender la ley suprema de nuestro propio ser. En su propio plano es tan puramente científica como la ley de la reacción química; sólo que aquí no estamos tratando con la interacción de causas secundarias sino con la acción autoriginaria del Espíritu. Por lo tanto, hay que tener en cuenta una nueva fuerza que no ocurre en la ciencia física, el poder del Sentimiento. El pensamiento crea la forma, pero es el sentimiento el que da vitalidad al pensamiento. El pensamiento sin sentimiento puede ser constructivo como en alguna gran obra de ingeniería, pero nunca puede ser creativo como en la obra del artista o el músico; y eso que origina dentro de sí un nuevo orden de causalidad es, en lo que se refiere a todas las formas preexistentes, una creación *ex nihilo* y, por lo tanto, es el Pensamiento expresivo del Sentimiento. Es esta unión indisoluble del Pensamiento y del Sentimiento la que distingue el pensamiento creativo del pensamiento meramente analítico y lo coloca en una diferente categoría y, por lo tanto, si queremos ofrecer un nuevo punto de partida para llevar a cabo la obra de la creación, debe ser asimilando el sentimiento del Espíritu Originario como parte integrante de su pensamiento - es entrar en la Mente del Espíritu, de lo que hablé en la primera parte. Ahora, las imágenes en la Mente del Espíritu deben necesariamente ser genéricas. La razón de esto es que, por su propia naturaleza, el Principio de Vida debe ser prolífico, es decir, tender a la Multiplicidad, entonces, la Imagen-Pensamiento original, debe ser fundamental para todas las razas y no exclusiva para individuos particulares. Consecuentemente, las imágenes en la Mente del Espíritu deben ser tipos absolutos de los verdaderos elementos esenciales del desarrollo perfecto de la raza, esto es lo que Platón refería como ideas arquetípicas. Esta es la perfecta subsistencia del objeto en el pensamiento. Por eso es que nuestra evolución como centros de actividad creativa, como exponentes de nuevas leyes y, a través de ellas, de nuevas condiciones, depende de nuestra comprensión de que en la Mente Divina existe el arquetipo de perfección mental a la vez como pensamiento y sentimiento. Pero cuando encontramos todo esto en la Mente Divina, ¿no nos encontramos con una Personalidad infinita y gloriosa? No hay nada que falte en todo lo que podemos entender por Personalidad, excepto la forma externa; y puesto que la esencia misma de la telepatía es que prescinde de la presencia física, nos encontramos en una posición de comunión interior con una Personalidad a la vez Divina y Humana. Esta es la Personalidad del Espíritu que San Juan vio en la visión apocalíptica y que por las mismas condiciones del caso es el Alfa y el Omega de la Humanidad.

Pero, como he dicho, es simplemente genérica en sí misma, y sólo se vuelve activa y específica por una relación puramente personal con el individuo. Pero una vez más debemos reconocer que nada puede ocurrir excepto de acuerdo con la Ley y, por lo tanto, esta relación específica no es nada arbitraria, sino que surge de la Ley genérica aplicada bajo condiciones específicas. Y puesto que lo que hace que una ley sea genérica es precisamente el hecho de que no suministra condiciones específicas, se deduce que las condiciones para la especialización de la Ley deben ser proporcionadas por el individuo. Entonces es que su reconocimiento del movimiento creativo originario, como resultado de la combinación de Pensamiento y Sentimiento, se convierte en un activo práctico de trabajo. Él se da cuenta de que hay un Corazón y una Mente del Espíritu recíprocos a su propio corazón y mente, que no está tratando con una abstracción filmada, ni con una mera secuencia matemática, sino con algo que está pulsando con una Vida tan cálida y viva y llena de interés como la suya - y más aún, porque es el Infinito de todo lo que él mismo es. Y su reconocimiento va aún más allá, porque puesto que esta especialización sólo puede llevarse a cabo a través del propio individuo, lógicamente se deduce que la Vida, la cual él especializa, se convierte en su propia vida. Hasta que el individuo no se conoce separado de él. Pero este autorreconocimiento a través del individuo no puede de ninguna manera cambiar la naturaleza inherente del Espíritu Creativo y, por lo tanto, en la medida en que el individuo percibe su identificación con él mismo, se coloca bajo su guía y así se convierte en uno de los que son "dirigidos por el Espíritu". Así comienza a encontrar el Alfa y Omega del ideal Divino reproducido en sí mismo -en un grado muy pequeño en la actualidad, pero conteniendo el principio del perpetuo crecimiento en una expansión infinita de la cual todavía no podemos formarnos ninguna concepción.

San Juan resume la totalidad de esta posición en sus memorables palabras: "Amados, ahora somos Hijos de Dios, y aún no se ha manifestado lo que seremos; pero sabemos que cuando Él se manifieste (es decir, se vuelva claro para nosotros) seremos semejantes a él; porque (es decir, la razón de todo esto) lo veremos tal como Él es" (1 Juan 3:2).

VI

EL PODER CREATIVO DEL PENSAMIENTO

Uno de los grandes axiomas en el nuevo orden de ideas, del cual he hablado, es que nuestro Pensamiento posee poder creativo, y puesto que toda la superestructura depende de este fundamento, es bueno examinarlo cuidadosamente.

Ahora el punto de partida es ver que el Pensamiento o acción puramente mental, es la única fuente posible desde la cual la creación existente podría haber llegado a manifestación, y es por esta razón que en las lecciones anteriores he puesto énfasis en el origen del cosmos. Por lo tanto, no es necesario volver de nuevo a este terreno y comenzaremos la investigación de esta mañana sobre la suposición de que cada manifestación es en esencia la expresión de un Pensamiento Divino. Siendo esto así, nuestra propia mente es la expresión de un Pensamiento Divino. El Pensamiento Divino ha producido algo que en sí mismo es capaz de pensar; pero la pregunta es si su pensamiento tiene la misma cualidad creativa que el de la Mente Paterna.

Ahora, por la misma hipótesis del caso, todo el Proceso Creativo consiste en el continuo empuje de avance del Espíritu Universal para expresarse a través de lo individual y lo particular, y el Espíritu en sus diferentes modos es, por lo tanto, la Vida y la Sustancia del universo. De aquí se deduce que, si hay una expresión de poder de pensamiento, sólo puede ser expresando el mismo poder de pensamiento que subsiste latente en el Espíritu Originario. Si fuera menos que esto, sólo sería una especie de mecanismo y no sería el poder pensante, de modo que, para ser poder pensante, debe ser idéntico en especie con el del Espíritu Originario. Es por esta razón que se dice que el hombre ha sido creado a imagen y semejanza de Dios; y si nos damos cuenta de que es imposible que sea de otra manera, encontraremos una base sólida de la cual extraer muchas deducciones importantes.

Pero si nuestro pensamiento posee este poder creativo, ¿por qué nos vemos obstaculizados por condiciones adversas? La respuesta es, porque hasta ahora hemos utilizado nuestro poder invertidamente. Hemos tomado el punto de partida de nuestro pensamiento a partir de hechos externos y, en consecuencia, hemos creado una repetición de hechos de una naturaleza similar y mientras lo hagamos seguiremos perpetuando el antiguo círculo de limitaciones. Y, debido a la sensibilidad de la mente subconsciente a la sugestión - (Ver Las Conferencias de Edimburgo, Capítulo 5) - estamos sujetos a una poderosa influencia negativa de aquellos que no conocen los principios afirmativos y así, las creencias de la raza y las corrientes de pensamientos de nuestro entorno más inmediato, tienden a consolidar nuestro propio pensamiento invertido. Por lo tanto, no debe sorprender que el poder creativo de nuestro pensamiento, utilizado así en una dirección equivocada, haya producido las limitaciones de las cuales nos quejamos. El remedio, entonces, es revertir nuestro modo de pensar y en lugar de tomar los hechos externos como nuestro punto de partida, tomar la naturaleza inherente del poder mental como nuestro punto de partida. Ya hemos logrado dos grandes pasos en esta dirección, primero viendo que todo el cosmos manifestado no podría haber tenido su origen en ninguna otra parte sino en el poder mental y, segundo, comprendiendo que nuestro propio poder mental debe ser del mismo tipo que el de la Mente Originaria.

Ahora podemos ir un paso más allá y ver cómo este poder en nosotros mismos puede ser perpetuado e intensificado. Por la naturaleza del proceso creativo, tu mente es en sí misma un pensamiento de la Mente Paterna; por tanto, mientras este pensamiento de la Mente Universal subsista, tú subsistirás, porque ese eres tú. Mientras pienses este pensamiento continúa subsistiendo, y necesariamente permanece presente en la Mente Divina, cumpliendo así las condiciones lógicas requeridas para la perpetuación de la vida individual. Es posible encontrar una simple analogía del proceso, en un dínamo autoalimentado donde el magnetismo genera la corriente y la corriente intensifica el magnetismo con el resultado de producir una corriente aún más fuerte hasta que se alcanza el límite de saturación; sólo que en la sustantiva infinidad de la Mente Universal y la potencial infinidad de la Mente Individual no hay límite de saturación. O podemos comparar la interacción de las dos mentes con dos espejos, uno grande y uno pequeño, uno frente al otro, con la palabra "Vida" grabada en el grande. Entonces, por la ley de la reflexión, la palabra "Vida" también aparecerá en la imagen del espejo más pequeño reflejado del más grande. Por supuesto, estas son sólo analogías muy imperfectas; pero si uno puede comprender la idea de su propia individualidad como un pensamiento en la Mente Divina, el cual es capaz de perpetuarse pensando en sí mismo como el pensamiento que es, tú has llegado a la raíz de todo el asunto y por el mismo proceso no sólo perpetuarás tu vida, sino que también la expandirás.

Cuando por un lado nos damos cuenta de esto, y por otro lado, que todas las condiciones externas, incluyendo el cuerpo, son producidas por el pensamiento, nos encontramos de pie entre dos infinitos, el infinito de la Mente y el infinito de la Sustancia – de ambos podemos sacar lo que queramos y moldear condiciones específicas de la Sustancia Universal por el Poder Creativo que extraemos de la Mente Universal. Pero debemos recordar que esto no es por la fuerza de la voluntad personal sobre la sustancia, lo cual es un error que nos llevará a todo tipo de inversión, sino percibiendo nuestra mente como un canal a través del cual opera la Mente Universal sobre las sustancias de una manera particular, de acuerdo con el modo de pensamiento que estamos tratando de encarnar. Entonces, si nuestro pensamiento se concentra habitualmente en principios más que en cosas particulares, comprendiendo que los principios no son otra cosa que la Mente Divina en funcionamiento, veremos que necesariamente germinarán para producir su propia expresión en hechos correspondientes, verificando así las palabras del Gran Maestro: "Busquen primero el Reino de Dios y su justicia, y todas estas cosas serán añadidas".

Pero nunca debemos perder de vista la razón del poder creativo de nuestro pensamiento, que es porque nuestra mente es en sí misma un pensamiento de la Mente Divina y que, consecuentemente, nuestro aumento en la Vida y el Poder Creativo deben estar en proporción exacta con nuestra percepción de nuestra relación con la Mente Paterna. En consideraciones como éstas, se encuentra la base filosófica de la doctrina bíblica de la "Filiación", con su culminación en la concepción de Cristo. Estas no son simples fantasías sino la expresión de principios estrictamente científicos, en su aplicación a los problemas más profundos de la vida individual; y su base es que el mundo de cada uno, ya sea dentro o fuera de la carne, necesariamente debe ser creado por su propia conciencia y, a su vez, su modo de conciencia necesariamente tomará su color desde la concepción de su relación con la Mente Divina – a la exclusión de la luz y el color, si no reconoce una Mente Divina; y a la construcción de bellas formas en proporción a como reconoce su identidad del ser con ese Espíritu Todo-Originario que es Luz, Amor y Belleza en sí mismo.

Así, la gran obra Creativa del Pensamiento en cada uno de nosotros, es hacernos conscientemente "hijos e hijas del Todopoderoso", comprendiendo que por nuestro origen Divino nunca podemos estar realmente separados de la Mente Paterna, la cual está continuamente buscando expresión a través de nosotros y que cualquier aparente separación se debe a nuestra propia concepción errónea de la verdadera naturaleza de la inherente relación entre lo Universal y lo Individual. Esta es la lección que el Gran Maestro nos ha presentado tan luminosamente en la parábola del Hijo Pródigo.

47

VII

LA GRAN AFIRMACIÓN

La Gran Afirmación aparece en dos modos, el cósmico y el individual. En su esencia es la misma en ambos, pero en cada uno funciona desde un punto de vista diferente. Siempre es el principio del Ser – lo que es, distinto de aquello que no es; pero para captar el verdadero significado de este dicho, debemos entender a qué se refiere con "aquello que no es". Es algo más que la simple no-existencia, pues obviamente no debemos preocuparnos por lo que no existe. Es aquello que es y no es, al mismo tiempo, y lo que responde a esta descripción es "Condiciones". La pequeña afirmación es aquella que afirma condiciones particulares como todo lo que puede captar, mientras que la gran afirmación considera una dimensión más amplia, la concepción de aquello que da lugar a las condiciones. Cósmicamente es ese poder del Espíritu que envía toda la creación como su expresión de sí mismo, y es por esta razón que he llamado la atención en las conferencias anteriores, a la idea de la creación *ex nihilo* de todo el universo visible. Como nos dicen tanto las Escrituras de Oriente como de Occidente por igual, es el aliento del Espíritu Original; y si has seguido lo que he dicho con respecto a la reproducción de este Espíritu en el individuo - que por la naturaleza misma del proceso creativo, la mente humana debe ser de la misma cualidad que la Mente Divina- entonces encontramos que se hace posible un segundo modo del Espíritu Originario, es decir, el de la operación a través de la mente individual.

Pero ya sea actuando cósmicamente o personalmente es siempre el mismo Espíritu y, por lo tanto, no puede perder su carácter inherente que es el del Poder que crea *ex nihilo*. Es la contradicción directa de la máxima "ex nihilo nihil fit" – "nada puede ser hecho de la nada"; y es el reconocimiento de la presencia de este poder en nosotros mismos, que puede hacer algo de la nada, que es la clave para nuestro progreso. Como resultado lógico del proceso creativo cósmico, la obra evolutiva alcanza un punto en el que el Poder Originario crea una imagen de sí mismo; y así ofrece un nuevo punto de partida desde el cual puede trabajar específicamente, tal como en el proceso cósmico funciona genéricamente. Desde este nuevo punto de vista, no contradice de ninguna manera las leyes del orden cósmico, sino que procede a especializarlas y así sacar resultados a través del individuo, los cuales de otro modo no podrían alcanzarse.

Ahora, el Espíritu hace esto por el mismo método que en la Creación Original, es decir, creando *ex nihilo*; pues de otro modo estaría sujeto a las limitaciones necesariamente inherentes en la forma cósmica de las cosas y así, no se podría alcanzar un nuevo punto de partida creativo. Esta es la razón por la cual la Biblia pone tanto énfasis en el principio del monogenismo o la creación desde un sólo poder en lugar de un par o sizigia; y es por esto que se nos dice que esta Unidad de Dios es el fundamento de todos los mandamientos y que el "Hijo de Dios" es declarado ser "monogenes" o unigénito, pues esa es la traducción correcta de la palabra griega. La inmensa importancia de este principio de creación a partir de un sólo Poder se hará evidente a medida que comprendamos más plenamente los resultados procedentes de la asunción del principio opuesto o el dualismo del poder creativo; pero como la discusión de este gran tema requeriría de todo un volumen, en la actualidad debo contentarme con decir que esta insistencia de la Biblia sobre la singularidad del Poder Creativo se basa en un conocimiento que va a la raíz misma de los principios esotéricos y, por lo tanto, no debe dejarse de lado en favor de los sistemas dualistas, aunque superficialmente estos últimos pueden parecer más consonantes con la razón.

Si, entonces, es posible poner la Gran Afirmación en palabras, es que Dios es UNO y que éste Uno encuentra centro en nosotros mismos; y si se comprende el completo significado de esta declaración, el resultado lógico será una nueva creación tanto dentro como fuera de nosotros mismos. Reconoceremos en nosotros el trabajo de un nuevo principio cuya característica distintiva es su simplicidad. Es Unidad y no se preocupa por un segundo. Por lo tanto, lo que contempla no es cómo su acción será modificada por la de un segundo principio - algo que lo obligará a trabajar de una manera particular y así limitarlo - sino que lo que contempla es su propia Unidad. Entonces percibe que su Unidad consiste en un mayor y menor movimiento, así como la rotación de la Tierra sobre su eje no interfiere con su rotación alrededor del Sol, sino que son ambos movimientos de la misma unidad y están definitivamente relacionados entre sí. De la misma manera, encontramos que el Espíritu se mueve simultáneamente en el macrocosmos del universo y en el microcosmos del individuo, y los dos movimientos armonizan porque son del mismo Espíritu y el último está incluido en el primero y lo presupone. La Gran Afirmación, por lo tanto, es la percepción de que el "Yo Soy" es Uno, siempre armonioso consigo mismo e incluye todas las cosas en esta armonía por la simple razón de que no hay un segundo poder creativo; y cuando el individuo reconoce que este poder siempre-único es la raíz de su propio ser y, por lo tanto, tiene centro en él mismo y encuentra expresión a través de él, aprende a confiar en su singularidad y la consecuente armonía de su acción en él con lo que está haciendo a su alrededor. Luego ve que la afirmación "Yo y mi Padre somos Uno" es una deducción necesaria del correcto entendimiento de los principios fundamentales del ser; y entonces, bajo el principio de que el menor debe estar incluido en el mayor, él desea que la armoniosa unidad de acción sea mantenida por la adaptación de su propio movimiento particular al movimiento más amplio del Espíritu que actúa como Principio Creativo a través del gran todo. De esta manera, nos convertimos en centros a través de los cuales las fuerzas creativas encuentran especialización mediante el desarrollo de ese factor personal, del cual depende siempre la aplicación específica de las leyes generales. Se forma un tipo específico de individualidad, capaz de ser el vínculo entre el gran Poder Espiritual de lo universal y la manifestación de lo relativo en el tiempo y en el espacio, porque participa conscientemente de ambos; y porque lo individual de esta clase reconoce la singularidad del Espíritu como el punto de partida de todas las cosas, él se esfuerza por retirar su mente de todos los argumentos derivados de las condiciones externas, ya sean pasadas o presentes, y fijarlas en el movimiento de avance del Espíritu que sabe es siempre idéntico, tanto en el universo como en él mismo. Él cesa el intento de mandar al Espíritu, porque no ve en él una simple fuerza ciega, sino que lo reverencia como la Inteligencia Suprema; y por otra parte no se arrastra ante él con duda y temor, porque sabe que es uno con sí mismo y se está manifestando a través de él y, entonces, no puede tener ningún propósito antagónico a su propio bienestar individual. Al reconocer esto, él deliberadamente pone sus pensamientos bajo la guía del Espíritu Divino, sabiendo que sus actos y condiciones externas deben ser armonizadas con el gran movimiento de avance del Espíritu, no sólo en el estado al que ahora ha llegado, sino en todas las etapas futuras. Él no niega en absoluto el poder de su propio pensamiento como agente creativo en su propio mundo personal; por el contrario, es precisamente en el reconocimiento de este hecho que se basa su percepción del verdadero ajuste entre los principios de Vida; pero por esta misma razón es más solícito a ser conducido por esa Sabiduría que puede ver lo que él no puede ver, de modo que su control personal sobre las condiciones de su propia vida puede ser empleado para su continuo aumento y desarrollo.

De esta manera nuestra afirmación del "Yo Soy" deja de ser la petulante afirmación de nuestra limitada personalidad y se convierte en la afirmación del Gran Yo Soy afirmando su propia Yo Soy-dad en nosotros y a través de nosotros, y así el uso de las palabras se convierte, en verdad, en la Gran Afirmación o aquello que es la raíz de todo ser, como distinto de aquello que no tiene ser en sí mismo, sino que es simplemente exteriorizado por el ser como vehículo para su expresión. Reconoceremos nuestro verdadero lugar como centros creativos subordinados, perfectamente independientes de las condiciones existentes, porque el proceso creativo es ese del monogenismo y no requiere de otro factor más que el Espíritu para su ejercicio, pero al mismo tiempo subordinado al Espíritu Divino en la grandeza de su inherente movimiento de avance porque sólo hay UN Espíritu y no puede antagonizar desde un centro lo que está haciendo desde otro. Así, la Gran Afirmación nos hace hijos del Gran Rey, viviendo en obediencia a ese Poder que está por encima de nosotros y ejercitando este mismo poder sobre todo ese mundo de causalidad secundaria que está por debajo de nosotros.

Por lo tanto, en nuestra medida y estación, cada uno de nosotros recibirá la misión del Yo Soy.

VIII

CRISTO - EL CUMPLIMIENTO DE LA LEY

"No piensen que he venido para poner fin a la Ley o los Profetas; no he venido para poner fin, sino para cumplir" (Mateo 5:17)

"Porque el fin de la ley es Cristo, para justicia a todo aquel que cree" (Romanos 10:4)

Si estas palabras son la expresión de una mera superstición sectaria, carecen de valor; pero si son la declaración de un gran principio, entonces vale la pena investigar cuál es ese principio.

El cumplimiento de cualquier cosa es llevar la completa realización de todo lo que potencialmente contiene, y así, el cumplimiento de cualquier ley en su plenitud, significa sacar a luz todas las posibilidades que están ocultas en ella. Este es precisamente el método que ha producido todos los avances de la civilización material. Las leyes de la naturaleza son las mismas ahora que en los días de nuestros rústicos ancestros anglosajones, ellos sólo

54

sacaron una fracción infinitesimal de las posibilidades que contienen esas leyes: ahora hemos sacado mucho más, pero de ninguna manera las hemos agotado, y así seguimos avanzando, no contradiciendo las leyes naturales, sino más bien comprendiendo más plenamente su capacidad. ¿Por qué no deberíamos, entonces, aplicar el mismo método a nosotros mismos y ver si no hay potencialidades ocultas en la ley de nuestro propio ser que todavía no hemos logrado cumplir? Hablamos de los buenos tiempos que se aproximan y de la mejora de la raza; pero ¿reflexionamos que la raza está compuesta por individuos y que, por lo tanto, el avance real no puede hacerse sino por mejoras individuales y no por una ley del Parlamento? y si es así, entonces, lo individual con lo cual comenzar es por nosotros mismos.

La completa manifestación de la Ley de la Individualidad es el fin o propósito de la enseñanza de la Biblia concerniente a Cristo. Es una enseñanza basada en la Ley espiritual y mental, reconociendo plenamente que ningún efecto puede producirse, excepto por la operación de una causa adecuada; y Cristo es puesto ante nosotros tanto para explicar las causas como para exhibir la completa medida de los efectos. Todo esto es conforme a la Ley; y la importancia de ser conforme a la Ley, es que la Ley es universal y las potencialidades de la Ley son, por lo tanto, inherentes a todos, no hay una ley especial para nadie, pero cualquiera puede especializar la ley usándola con una comprensión más completa de cuanto se puede obtener de ella; y el propósito de la enseñanza bíblica respecto a Cristo es ayudarnos a hacer esto.

Las conferencias anteriores nos han guiado paso a paso a ver que el Espíritu Originario, que primero trajo el mundo a la existencia, es también la raíz de nuestra propia individualidad y, por lo tanto, por su naturaleza inherente siempre está listo para continuar el proceso creativo desde este punto individual tan pronto como se proporcionan las condiciones necesarias, y estas condiciones son 'condiciones-de-pensamiento'. Entonces, al comprender la relación de Cristo con la Mente Originaria, el Espíritu Paterno o "Padre", recibimos un estándar de pensamiento el cual está obligado a actuar creativamente sacando a la luz todas las potencialidades de nuestro ser oculto.

Ahora, la relación de Cristo con el "Padre" es la de la Idea Arquetípica en la Mente Todo-Creadora de la cual he hablado anteriormente, y así llegamos a la concepción de la idea de Cristo como un principio universal y siendo una idea, por tanto, capaz de reproducirse en la Mente individual, explicando así el significado de San Pablo cuando habla de la formación de Cristo en nosotros. Es aquí donde entra en juego el principio del monogenismo, ese principio que he tratado de describir en la parte anterior de la presente serie, como el origen de toda la creación manifestada por una acción interna del Espíritu sobre sí mismo; y es la total ausencia de control por parte de cualquier poder secundario lo que hace posible la realización en la realidad externa de un ideal puramente mental. Por esta razón, el estudio espiritual sistemático comienza con la contemplación del cosmos existente y luego transferimos la concepción del poder monógeno del Espíritu desde el cosmos al individuo y nos damos cuenta de que el mismo Espíritu es capaz de hacer lo mismo en nosotros mismos. Este es el Nuevo Pensamiento que en el tiempo se cumplirá en el Nuevo Orden y así proveeremos nuevas condiciones de pensamiento las cuales permiten al

Espíritu llevar a cabo su obra creativa desde un nuevo punto, el de nuestra propia individualidad.

Este logro del Espíritu, de un nuevo punto de partida, es lo que se entiende por la doctrina esotérica de la Octava. La Octava es el punto de partida de una nueva serie, duplicando el punto de partida de la serie anterior en un nivel diferente, al igual que la nota octava en la música. Encontramos este principio constantemente referido en las Escrituras -la culminación de una serie anterior en el número Siete y el comienzo de una nueva serie por el número Ocho, que toma el mismo lugar en la segunda serie que el número Uno tomó en la primera. La segunda serie proviene de la primera por crecimiento natural y no podría existir sin ella, de ahí que el Primero, o número originario de la segunda serie, es el Octavo si consideramos la segunda serie como la prolongación de la primera. Siete es la correspondencia numérica de la manifestación completa porque es la combinación de tres y cuatro, que representan respectivamente el funcionamiento completo de los factores espirituales y materiales - involución y evolución - y así juntos constituyen el todo terminado. Los estudiantes del Tarot comprenderán aquí el proceso mediante el cual el Yod de Yod se convierte en el Yod de He. Es por esta razón que la creación primaria o cósmica, termina en el descanso del Séptimo Día, ya que no puede continuar más allá, hasta que se encuentre un nuevo punto de partida. Pero cuando este nuevo punto de partida es encontrado en el hombre comprendiendo su relación con el "Padre", comenzamos una nueva serie y golpeamos la Octava Creativa y, por lo tanto, la Resurrección toma lugar, no en el Sabbath o Séptimo Día, sino en el Octavo día, que entonces se convierte en el Primer día de la nueva semana creativa. El principio de la Resurrección es la comprensión del hombre de su individualización del Espíritu y su reconocimiento del hecho de que, puesto que el Espíritu es siempre el mismo Espíritu, se convierte en el Alfa de una nueva creación desde su propio centro del ser.

Ahora, todo esto es necesariamente un proceso interior que tiene lugar en el plano mental; pero si nos damos cuenta de que el proceso creativo es siempre primeramente uno de involución o formación en el mundo espiritual, comprenderemos algo del significado de Cristo como "El Hijo de Dios" - la concentración del Espíritu Universal en una Personalidad en el plano espiritual correlativamente a la individualidad de cada uno de quienes proporcionen las condiciones de pensamiento necesarias. Para todos quienes lo comprendan se descubre entonces en el Espíritu Universal la presencia de una individualidad Divina recíproca a la del hombre individual, cuyo reconocimiento es la solución práctica de todos los problemas metafísicos relativos a la emanación del alma individual desde el Espíritu Universal y las relaciones que surge de allí; pues saca estas materias de la región de la especulación intelectual, la cual nunca es creativa sino sólo analítica, y la transfiere a la región del sentimiento y de la sensación espiritual que es la morada de las fuerzas creativas. Este reconocimiento personal de lo Divino nos proporciona entonces una nueva base de Afirmación, y ya no necesitamos volver atrás para analizarlo, porque sabemos experimentalmente que está allí; entonces, ahora encontramos el punto de partida de la nueva creación hecho para nosotros de acuerdo con el patrón arquetípico en la Mente Divina misma y por lo tanto perfecta y correctamente formada. Una vez que se comprende claramente esta verdad, ya sea que la alcancemos mediante un proceso intelectual o por simple intuición, podemos convertirla en nuestro punto de partida y sobre esta base afirmar que nuestro pensamiento está impregnado por el Poder Creativo del Espíritu.

Pero tan vasta como es la concepción alcanzada debemos recordar que sigue siendo un punto de partida. En efecto, trasciende nuestro rango anterior de ideas y así presenta una culminación de la serie creativa cósmica que va más allá de esa serie y, por tanto, nos lleva al número Ocho o la Octava; pero en este sentido, es el número Uno de una nueva serie creativa que es personal para el individuo.

Entonces, dado que el Espíritu es siempre el mismo, podemos buscar una repetición del proceso creativo en un nivel superior y, como todos sabemos, ese proceso consiste primero en la involución del Espíritu en Sustancia y consecuentemente de la subsiguiente evolución de la Sustancia en formas que continuamente aumentan en aptitud como vehículos para el Espíritu: así que ahora podemos ver una repetición de este proceso universal desde su nuevo punto de partida en la mente individual y esperar una externalización correspondiente de acuerdo con nuestro familiar axioma de que los pensamientos son cosas.

Ahora, es como tal manifestación externa del ideal Divino, que el Cristo de los Evangelios es puesto delante de nosotros. No deseo dogmatizar, pero sólo diré que cuanto más claramente comprendamos la naturaleza del proceso creativo en el lado espiritual, más fuerza pierden las objeciones actuales a la narrativa del evangelio; y me parece que negar esa narrativa como una imposibilidad, es hacer una afirmación similar con respecto al poder del Espíritu en nosotros mismos. No puedes afirmar un principio y negarlo en el mismo aliento; y si afirmamos el poder de externalización del Espíritu en nuestro propio caso, no veo cómo podemos establecer lógicamente un límite para su acción y decir que bajo condiciones altamente especializadas no podría producir efectos altamente especializados. Es por esta razón que San Juan pone el tema de Cristo manifestado en la carne como el criterio de todo el asunto (1 Juan 4:2). Si el Espíritu puede crear, entonces lógicamente no puedes limitar el alcance o el método de su operación; y puesto que la base de nuestra expectativa de expansión individual es el ilimitado poder creativo del Espíritu, rechazar el Cristo de los Evangelios como una imposibilidad, es sacar el suelo de debajo de nuestros propios pies. Una cosa es decir "no entiendo por qué el Espíritu debe haber operado de esa manera" – esto es simplemente una honesta declaración de nuestra etapa actual de conocimiento, o incluso podemos decir que no estamos convencidos que operó de esa manera - esto es una confesión verdadera de nuestra dificultad intelectual- pero ciertamente aquellos que profesan confiar en el poder del Espíritu para producir resultados externos, no pueden decir que no poseen ese poder, o lo poseen sólo en un grado limitado: la posición es lógicamente autodestructiva. Por lo tanto, lo que deberíamos hacer es suspender el juicio y seguir la luz hasta donde podemos verla y poco a poco se volverá más claro para nosotros. A mí me parece que hay alturas ocultas en la doctrina de Cristo diseñada por la Sabiduría Suprema para contrarrestar las correspondientes profundidades ocultas en el Misterio de la Obscuridad. No creo que sea necesario, ni siquiera posible, escalar estas alturas o penetrar en esas profundidades con nuestra actual inteligencia infantil, pero si comprendemos cuán completamente la ley de nuestro ser recibe su cumplimiento en Cristo en la medida en que conocemos esa ley, ¿no podríamos concebir que hay fases aún más profundas de esa ley cuya existencia sólo podemos débilmente suponer por la intuición? Ocasionalmente para algunos de nosotros, sólo se levanta el borde del velo, pero esa mirada momentánea es suficiente para mostrarnos que hay poderes y misterios más allá de nuestra concepción actual. Pero incluso allí la Ley reina Suprema y, por lo tanto, tomando a Cristo como nuestra base y punto de partida, comenzamos con la Ley ya cumplida, ya sea en aquellas cosas que nos son familiares o en aquellos reinos que están más allá de nuestro pensamiento, y por eso no debemos temer al mal. Nuestro punto de partida es el de una seguridad divinamente ordenada a partir de la cual podemos crecer silenciosamente en esa evolución superior que es el cumplimiento de la ley de nuestro propio ser.

IX

LA HISTORIA DEL EDÉN

Toda la Biblia y toda la historia del mundo, pasado, presente y futuro, están contenidas en embrión en la historia del Edén, porque no son otra cosa que el continuo desarrollo de ciertos grandes principios, los cuales están allí declarados alegóricamente. Que esta no es de ninguna manera una nueva noción se demuestra por la siguiente cita de Orígenes: "¿Quién es tan necio y sin sentido común como para creer que Dios plantó árboles en el Jardín del Edén como un agricultor; y plantó allí el árbol de la vida, perceptible a los ojos y a los sentidos, que daba vida a quien comía de el; y otro árbol que daba un conocimiento del bien y del mal? Yo creo que todo el mundo debe considerarlas como figuras bajo las cuales un sentido recóndito se oculta". Vamos entonces a seguir la sugerencia de este antiguo Padre de la Iglesia y preguntemos cuál puede ser este "sentido recóndito" oculto bajo esta figura de los dos árboles.

En la superficie de la historia hay dos raíces, una de Vida y la otra de Muerte, dos principios fundamentales que dan resultados diametralmente opuestos. La marca distintiva de este último es el conocimiento del bien y del mal, es decir, el reconocimiento de dos principios antagónicos y, por lo tanto, requiere un conocimiento de las relaciones entre ellos para que nos permita realizar continuamente los ajustes necesarios para mantenernos en marcha. Ahora bien, en apariencia, esto es sumamente plausible. Parece tan completamente razonable que no vemos su destructividad última; y así se nos dice que Eva comió el fruto porque "vio que el árbol era agradable a los ojos". Pero una cuidadosa consideración nos mostrará en qué consiste la naturaleza destructiva de este principio. Se basa en la falacia de que el bien está limitado por el mal y que no puedes recibir ningún bien excepto eliminando el correspondiente mal, reconociéndolo y venciéndolo. Desde este punto de vista, la vida se convierte en un continuo combate contra todas las formas imaginables de maldad, y después de haber destrozado nuestros cerebros para idear precauciones contra todos los posibles males, aún queda la posibilidad, y mucho más que la posibilidad, de que no hayamos agotado la categoría de las posibilidades negativas y que pueden surgir otras que ninguna previsión de nuestra parte pudo haber imaginado. Cuanto más nos vemos en esta posición más intolerable se vuelve, porque desde este punto de vista nunca podemos alcanzar ninguna base de acción y las fuerzas del posible mal se multiplican cuando las contemplamos. Intentar echar fuera todo el mal por nuestro propio conocimiento de su naturaleza, es intentar una tarea cuya imposibilidad se hace evidente cuando la vemos en su verdadera luz.

El error está en suponer que la Vida puede ser generada en nosotros por un proceso intelectual; pero, como hemos visto en las conferencias anteriores, la Vida es el movimiento primario del Espíritu, ya sea en el cosmos o en el individuo. En su orden correcto, el conocimiento intelectual es sumamente importante y útil, pero su lugar en el orden del todo no es el de Originador. No es la Vida en sí misma, sino que es una función de la vida; es un efecto y no la causa. La razón de esto es porque el estudio intelectual es siempre el estudio de las diversas leyes que surgen de las diferentes relaciones de las cosas entre sí y, por lo tanto, presupone que estas cosas junto con sus leyes ya están en existencia. En consecuencia, no se inicia desde el verdadero punto de partida creativo, aquel de crear algo completamente nuevo, la creación *ex nihilo* que se distingue de la construcción o colocar juntos materiales existentes, que es lo que la palabra significa literalmente. Por lo tanto, reconocer el mal como una fuerza a considerar, es renunciar completamente al punto de partida creativo. Es abandonar el plano de la Primera Causa y descender al reino de la causalidad secundaria y perderse en medio de la confusión de una multiplicidad de causas y efectos relativos, sin captar ningún principio unificador detrás de ellos.

Ahora, lo único que puede liberarnos de la inextricable confusión de una multiplicidad infinita es la comprensión de una unidad subyacente, y en el fondo de todas las cosas encontramos la presencia de un Gran Principio Afirmativo sin el cual nada podría tener existencia. Ésta es, entonces, la Raíz de la Vida; y si creemos que es capaz no sólo de suministrar el poder, sino también la forma de su manifestación, veremos que no necesitamos ir más allá de este Poder único para la producción de cualquier cosa. Es el Espíritu produciendo Sustancia de su propia esencia y la Sustancia tomando Forma de acuerdo con el movimiento del Espíritu. Lo que tenemos que comprender es, no sólo que esta es la manera en que el cosmos es llevado a la existencia, sino que además, debido a que el

Espíritu encuentra un nuevo centro en nosotros mismos, el mismo proceso se repite en nuestra propia mentalidad y, por lo tanto, estamos continuamente creando *ex nihilo,* ya sea que lo sepamos o no.

En consecuencia, si miramos el mal como una fuerza que debemos considerar y que requiere ser estudiada, nosotros, en efecto, lo estamos creando; mientras que, por otro lado, si reconocemos que sólo hay *una* fuerza que debe considerarse y que es absolutamente buena, nosotros por la ley del proceso creativo, estamos llevando ese bien a manifestación. Sin duda, para este uso afirmativo de nuestro poder creativo, es necesario que partamos de la concepción básica de un *Único* poder originario que es absolutamente bueno y vivificante; pero si hubiera un poder autoriginario que fuera destructivo, entonces ninguna creación podría jamás haber llegado a existir, porque los poderes autoriginarios positivos y negativos se cancelarían entre sí y el resultado sería cero. Por lo tanto, el hecho de nuestra propia existencia es una prueba suficiente de la singularidad y la bondad del Poder Originario y desde este punto de partida no hay un segundo poder que se deba considerar y consecuentemente, no tenemos que estudiar el mal que puede surgir de circunstancias existentes o futuras, sino que necesitamos mantener nuestras mentes fijas sólo en el bien que intentamos crear. Hay una razón muy simple para esto. Es que cada nueva creación necesariamente lleva consigo su propia ley y por esa ley crea nuevas condiciones propias. Un globo aerostático proporciona una buena ilustración de lo que quiero decir. El globo con su carga pesa varios cientos de kilos, sin embargo, la introducción de un nuevo factor, el gas, trae consigo una ley propia que altera totalmente las condiciones y la fuerza de gravedad es superada tan completamente, que toda la masa se eleva en el aire. La ley en sí misma nunca se altera, pero previamente sólo la hemos conocido en condiciones limitantes. Sin embargo, estas condiciones no forman parte de ley misma; y una comprensión más clara de la Ley nos muestra que contiene en sí misma el poder de trascenderla. Entonces, la ley que toda nueva creación lleva consigo, no es una contradicción de la antigua ley sino su especialización en un modo de acción superior.

Ahora, la Ley última es la producción *ex nihilo* por el movimiento del Espíritu dentro de sí mismo y todas las leyes subordinadas son simplemente las mediciones de las relaciones que surgen espontáneamente entre las diferentes cosas cuando son llevadas a la manifestación; por lo tanto, si se crea una cosa completamente nueva, necesariamente debe establecer relaciones completamente nuevas y así producir leyes enteramente nuevas. Esta es la razón por la cual, si tomamos la acción del Espíritu puro no-manifestado como nuestro punto de partida, podemos confiar absolutamente que producirá manifestaciones de la ley que, aunque perfectamente nuevas desde el punto de vista de nuestra experiencia pasada, son tan naturales en su propia manera como cualquiera de las que han ido antes. Es por esta razón que en estas lecciones pongo tanto énfasis en el hecho de que el Espíritu crea *ex nihilo*, es decir, sin formas preexistentes, sino simplemente por su propio movimiento dentro de sí mismo. Entonces, si se capta claramente esta idea, se deduce lógicamente que la raíz de la vida no se encuentra en la comparación del bien y del mal, sino en la simple afirmación del Espíritu como el Poder Todo-creador del Bien. Y puesto que, como ya hemos visto, este mismo Espíritu todo-creador encuentra un centro y un nuevo punto de partida en nuestras propias mentes, podemos confiar en que siga la Ley de su propio ser allí, tanto como en la creación del cosmos.

Sólo que no debemos olvidar que está trabajando a través de nuestras propias mentes. Piensa a través de nuestra mente y nuestra mente debe convertirse en un canal adecuado para este modo de operación, conformándose a las amplias líneas genéricas del pensamiento del Espíritu. La razón de esto es la que he tratado de fijar a través de estas conferencias, esto es, que la especialización de una ley nunca es la negación de ella, sino por el contrario el reconocimiento más pleno de sus principios básicos; y si este es el caso en la ciencia física común debe ser igual cuando llegamos a especializar la gran Ley de la Vida misma. El Espíritu nunca puede cambiar su naturaleza esencial como la esencia de Vida, Amor y Belleza; y si adoptamos estas características, las cuales constituyen la Ley del Espíritu, como base de nuestro propio pensamiento y rechazamos todo lo que es contrario a ellas, entonces ofrecemos las amplias condiciones genéricas para el pensamiento especializado del Espíritu a través de nuestras propias mentes: y el pensamiento del Espíritu es esa involución o paso del espíritu a la forma, la cual es todo el ser del proceso creativo.

La mente que es todo el tiempo así formada es la nuestra. No es un caso de control por una individualidad externa, sino la expresión más completa de lo Universal a través de una mentalidad organizada que ha sido siempre una expresión menos perfecta de lo Universal; y por eso el proceso es uno de crecimiento. Nosotros no estamos perdiendo nuestra individualidad, sino que estamos adquiriendo una posesión más plena de nosotros mismos por el reconocimiento consciente de nuestra participación personal en la gran obra de la creación. En cierta medida, comenzamos a entender lo que la Biblia quiere decir cuando habla de que somos "partícipes de la naturaleza Divina"(2 Pedro 1:4) y comprendemos el significado de la "Unidad del Espíritu" (Efesios 4:3). Sin duda, esto implicará cambios en nuestro antiguo modo de pensamiento; pero estos cambios no son forzados, son producidos naturalmente por el nuevo punto de vista del cual ahora vemos las cosas. Casi imperceptiblemente crecemos en un Nuevo Orden de Pensamiento el cual procede, no del conocimiento del bien y del mal, sino del Principio de la Vida misma. Eso es lo que hace la diferencia entre nuestro antiguo pensamiento y nuestro nuevo pensamiento. Nuestro antiguo pensamiento se basaba en una comparación de hechos limitados: nuestro nuevo pensamiento se basa en una comprensión de los principios. La diferencia es algo así como las matemáticas del niño, que no puede contar más allá del número de manzanas o bolitas puestas ante él y un graduado sobresaliente en matemáticas que no depende de objetos visibles para sus cálculos, sino que se sumerge audazmente en lo desconocido porque él sabe que está trabajando con principios incuestionables. De igual manera, cuando comprendemos el infalible Principio de la Ley Creativa ya no necesitamos ver todo claro y definido de antemano, porque de ser así, nunca podríamos ir más allá del rango de nuestras antiguas experiencias; pero podemos avanzar con firmeza porque conocemos la certeza del principio creativo por el cual estamos trabajando o, mejor dicho, que está trabajando a través de nosotros, y que nuestra vida en todos sus mínimos detalles, es su armoniosa expresión. Así el Espíritu piensa a través de nuestro pensamiento, sólo que su pensamiento es mayor que el nuestro. Es la paradoja del menor conteniendo al mayor. Nuestro pensamiento no será inútil ni ininteligible para nosotros. Será bastante claro hasta donde llegue. Sabremos exactamente qué queremos hacer y por qué queremos hacerlo y actuaremos de manera razonable e inteligente. Pero lo que no sabemos, es que es el pensamiento mayor que está todo el tiempo dando lugar a nuestro pensamiento más pequeño y que se abrirá a partir de él a medida que nuestro pensamiento menor progresa en forma. Entonces gradualmente vemos el pensamiento mayor, el cual impulsó al más pequeño, y nos encontramos trabajando en sus líneas, guiados por la mano invisible del Espíritu Creador hacia grados de vida cada vez más elevados a los cuales no debemos asignar límites, porque es la expansión del Infinito dentro de nosotros mismos.

Esto, me parece a mí, es el significado oculto de los dos árboles en el Edén, el Jardín del Alma. Es la distinción entre un conocimiento que es simplemente el de las comparaciones entre diferentes tipos de condiciones y un conocimiento que es el de la Vida que da origen y, por lo tanto, controla las condiciones. Sólo debemos recordar que el control de las condiciones no debe lograrse mediante una violenta autoafirmación que sólo las reconoce como entidades sustantivas con las que luchar, sino por la consciente unidad con ese Espíritu todo-creador, el cual trabaja silenciosamente pero infaliblemente en sus propias líneas de vida, amor y belleza.

"No por fuerza, ni por poder, sino por Mi Espíritu, dice el Señor de los ejércitos". [Zacarias 4:6]

X

EL CULTO DE ISHI

En Oseas 2:16 encontramos esta notable declaración: "Y será en aquel día, dice Jehová, que me llamarás Ishi, y nunca más me llamarás más Baali"; y con esto podemos juntar la declaración en Isaías 62:4: - "Serás llamada Hefzibá, y tu tierra Beula; porque el amor de Jehová estará en ti, y tu tierra será desposada".

En ambos pasajes encontramos un cambio de nombre; y puesto que un nombre representa algo que le corresponde, y en verdad sólo equivale a una sucinta descripción, el hecho indicado en estos textos es un cambio de condición que responde al cambio de nombre. Ahora, el cambio de Baali a Ishi indica una importante alteración en la relación entre el Ser Divino y el devoto; pero puesto que el Ser Divino no puede cambiar, la relación alterada debe resultar de un cambio en el punto de vista del devoto: y esto sólo puede provenir de un nuevo modo de ver lo Divino, es decir, de un nuevo orden de pensamiento respecto a él. Baali significa Señor, e Ishi significa marido, y así el cambio en relación es el de una esclava que es liberada y casada con su antiguo amo. No podríamos tener una analogía más perfecta. En relación al espíritu universal, el alma individual es esotéricamente femenina, como he señalado en mi libro "Misterio de la Biblia y Significado de la Biblia", porque su función es receptiva y formativa. Esto es necesariamente inherente a la naturaleza del proceso creativo. Pero el desarrollo del individuo como el medio especializado del Espíritu Universal, dependerá enteramente de su propia concepción de su relación con él. Mientras él sólo lo considere como un poder arbitrario, una especie de propietario de esclavos, se encontrará él mismo en la posición de un esclavo manejado por una fuerza inescrutable, sin saber hacia dónde ni con qué propósito. Él puede adorar a tal Dios, pero su adoración es sólo la adoración del miedo y la ignorancia, y no hay ningún interés personal en el asunto excepto de escapar de algún temido castigo. Tal devoto con gusto escaparía de su divinidad y su adoración; cuando se analiza, vemos que es poco menos que un odio disfrazado. Este es el resultado natural de una adoración basada en inexplicables tradiciones en lugar de principios inteligibles, y es justo lo opuesto de esa adoración en Espíritu y en verdad de la cual Jesús habla como la verdadera adoración.

Pero cuando la luz comienza a llegar a nosotros, todo esto cambia. Vemos que un sistema de terrorismo no puede expresar al Espíritu Divino y nos damos cuenta de la verdad de las palabras de San Pablo: Él no nos ha dado espíritu de temor, sino de poder, de amor y templanza". A medida que la verdadera naturaleza de la relación entre la mente individual y la Mente Universal se vuelve más clara, nos damos cuenta que se trata de una acción y reacción mutua, una perfecta reciprocidad que no puede simbolizarse mejor que por la cariñosa relación entre un esposo y una esposa.

Todo se hace desde el amor y nada de la compulsión, hay confianza perfecta en ambos lados y ambos son igualmente indispensables el uno para el otro. Es simplemente la realización de la máxima fundamental de que lo Universal no puede actuar en el plano de lo Particular sino a través de lo Particular; sólo que este axioma filosófico se convierte en una cálida viva relación.

Ahora, esta es la posición del alma que se indica con el nombre de Hefzibá. En común con todas las otras palabras derivadas de la raíz semítica "hafz" implica la idea de guardar, tal como en Oriente un hafiz es uno que protege la letra del Corán aprendiendo todo el libro de memoria, y en muchas expresiones similares. Por lo tanto, Hefzibá puede traducirse como "protegido", recordando así la descripción del Nuevo Testamento de aquellos que "están protegidos por el poder de Dios, para alcanzar la salvación". Es precisamente esta concepción de ser protegido por un poder superior lo que distingue la adoración de Ishi de la de Baali. Se ha establecido una relación especial entre el Espíritu Divino y el alma individual, una de confianza absoluta y una relación personal. Esto no requiere ninguna desviación de la ley general del universo, sino que se debe a esa especialización de la ley mediante la presentación de condiciones personales especiales del individuo, de las que he hablado antes. Pero todo el tiempo no ha habido ningún cambio en el Espíritu Universal, el único cambio se ha producido en la actitud mental del individuo – él ha llegado a un nuevo pensamiento, a una percepción más clara de Dios. Se ha enfrentado a las preguntas, ¿Qué es Dios? ¿Dónde está Dios? ¿Cómo actúa Dios? y ha encontrado la respuesta en la declaración apostólica de que Dios está "sobre todos, a través de todos y en todos" y se da cuenta de que "Dios" es la raíz de su propio ser (del individuo), siempre presente en él, siempre trabajando a través de él y universalmente presente a su alrededor.

Este reconocimiento de la verdadera relación entre el Espíritu Originario y la mente individual es lo que se habla esotéricamente como el Matrimonio Místico en el cual los dos han dejado de estar separados y se han convertido en Uno. De hecho, siempre fueron uno, pero como sólo podemos entender las cosas desde el punto de vista de nuestra propia conciencia, es nuestro reconocimiento del hecho, que lo convierte en una realidad práctica para nosotros mismos. Pero un reconocimiento inteligente nunca hará una confusión de las dos partes de las cuales consiste el todo y nunca llevará al individuo a suponer que está manejando una fuerza ciega o que una fuerza ciega lo está manejando a él. No destronará a Dios, ni se perderá él mismo por la absorción en la deidad, sino que reconocerá la reciprocidad de lo Divino y lo humano como el resultado natural y lógico de las condiciones esenciales del proceso creativo.

¿Y qué es el Todo el cual es así creado? Es nuestra personalidad consciente; y por lo tanto todo lo que atraemos del Espíritu Universal adquiere en nosotros la cualidad de la personalidad. Es ese proceso de diferenciación de lo universal en lo particular, del cual he hablado tan a menudo, que, por una simple analogía, podemos comparar con la diferenciación del fluido eléctrico universal en tipos específicos de poder mediante su paso a través de aparatos adecuados. Es por esta razón que, relativo a nosotros mismos, el Espíritu Universal debe necesariamente asumir un aspecto personal y que el aspecto que asumirá estará en exacta correspondencia con nuestra propia concepción del mismo. Esto está de acuerdo con las leyes mentales y espirituales inherentes a nuestro propio ser y es por esta razón que la Biblia busca construir nuestra concepción de Dios en líneas tales que nos libere de todo temor al mal y así nos deja en libertad de utilizar el poder creativo de nuestro pensamiento afirmativamente, desde el punto de vista de una mente tranquila y despreocupada. Este punto de vista sólo puede alcanzarse pasando más allá de la gama de los acontecimientos del momento y esto sólo puede hacerse descubriendo nuestra relación inmediata con la fuente indiferenciada de todo bien. Pongo énfasis en estas palabras "inmediatas" e "indiferenciadas" porque en ellas está contenido el secreto de toda la posición. Si no pudiéramos atraer inmediatamente del Espíritu Universal, nuestra recepción estaría sujeta a las limitaciones del canal a través del cual nos alcanza; y si la fuerza que recibimos no fuera indiferenciada en sí misma, no podría tomar la forma apropiada en nuestra propia mente y convertirse en cada uno de nosotros exactamente lo que necesitamos que sea. Es este poder del alma humana, de diferenciar ilimitadamente del infinito, lo que tendemos a pasar por alto, pero cuando reconocemos que el alma es en sí misma un reflejo e imagen del Espíritu Infinito - y un claro reconocimiento del proceso creativo cósmico demuestra que no puede ser otra cosa - nos damos cuenta que debe poseer este poder y que, de hecho, es nuestra posesión de este poder lo que constituye toda la razón de ser del proceso creativo: si el alma humana no tuviera un ilimitado poder de diferenciación del Infinito, entonces el Infinito no se reflejaría en él y consecuentemente el Espíritu Infinito no encontraría salida para su reconocimiento consciente de sí

74

mismo como la Vida, el Amor y la Belleza que es. Nunca podemos reflexionar demasiado sobre la antigua definición esotérica del Espíritu como "el Poder que se conoce a sí mismo": el secreto de todas las cosas, pasado, presente y futuro está contenido en estas pocas palabras. El autorreconocimiento o autocontemplación del Espíritu es el movimiento primario del cual toda la creación procede y el logro de un nuevo centro en el individuo para el autorreconocimiento es lo que el Espíritu gana en el proceso - esta ganancia aumentada para el Espíritu es a lo que se refieren las parábolas donde el Señor está representado como recibiendo aumento de sus sirvientes.

Cuando el individuo percibe esta relación entre él y el Espíritu Infinito, encuentra que ha sido elevado de una posición de esclavitud a una de reciprocidad. El Espíritu no puede hacer sin él más de lo que él puede hacer sin el Espíritu: ambos son tan necesarios el uno para el otro, como los dos polos de una batería eléctrica. El Espíritu es la esencia ilimitada del Amor, la Sabiduría y el Poder, los tres en uno indiferenciados y esperando ser diferenciados por apropiación, es decir, por el individuo que afirme ser el canal de su diferenciación. Sólo requiere que la afirmación sea hecha con el reconocimiento de que por la Ley del Ser está obligada a ser respondida, y el sentimiento correcto, la visión correcta y el trabajo correcto para el asunto particular que tenemos a mano, fluirá de manera muy natural. Nuestros antiguos enemigos, la duda y el temor, pueden tratar de volver a someternos a la esclavitud de Baali, pero nuestro nuevo punto de vista por el reconocimiento del Espíritu todo-originario como absolutamente unificado con nosotros mismos, debe mantenerse siempre resueltamente en mente; porque sin esto, no estamos trabajando en el nivel creativo - estamos creando, de hecho, porque nunca podemos despojarnos de nuestro poder creativo, pero estamos creando a imagen de las antiguas condiciones limitantes y destructivas y esto es simplemente perpetuar la Ley cósmica de Promedios, que es justamente sobre la cual debe elevarse el individuo. El nivel creativo es donde las nuevas leyes comienzan a manifestarse en un nuevo orden de condiciones, algo que trasciende nuestras experiencias pasadas y, de este modo, produciendo un verdadero avance; porque no es un avance seguir en la misma antigua ronda y más si nos hemos mantenido en ella durante siglos: es la constante naturaleza de avance del Espíritu lo que ha hecho que el mundo de hoy sea mejor que el mundo del terodáctilo y el ictiosauro, y debemos buscar el mismo movimiento de avance del Espíritu desde su nuevo punto de inicio en nosotros mismos.

Ahora bien, es esta relación especial, personal e individual del Espíritu con nosotros mismos la cual es tipificada por los nombres Ishi y Hefzibá. Desde este punto de vista podemos decir que a medida que el individuo despierta a la unidad con el Espíritu, el Espíritu despierta a la misma cosa. Se hace consciente de sí mismo a través de la consciencia del individuo, y así se resuelve la paradoja del autorreconocimiento individual por el Espíritu Universal, sin el cual ningún poder creativo nuevo podría ser ejercido y todas las cosas seguirían procediendo en el antiguo orden meramente cósmico. Por supuesto, es verdad que en el orden meramente genérico el Espíritu debe estar presente en toda forma de Vida, como señaló el Maestro cuando dijo que "ningún gorrión cae a tierra sin que lo permita el Padre". Pero como los gorriones a los que él aludía habían sido muertos y estaban a la venta por un precio, lo que demuestra que este era el destino de muchos de ellos, nosotros precisamente aquí vemos ese estado de manifestación en el que el Espíritu no ha despertado al autorreconocimiento individual y permanece en el nivel inferior de autorreconocimiento, el genérico o espíritu-racial. El comentario del Maestro, "Ustedes son más valiosos que muchos gorriones" señala esta diferencia: en nosotros la creación genérica ha alcanzado el nivel que proporciona las condiciones para el despertar del Espíritu al autorreconocimiento en lo Individual.

Y debemos tener en cuenta que todo esto es perfectamente natural. No hay pose o esfuerzo en busca del efecto. Si tienes que bombear la Vida, ¿quién va a poner la Vida en ti para bombearla? Por lo tanto, es espontáneo o nada. Por eso la Biblia habla de ello como el don gratuito de Dios. No puede ser otra cosa. Tú no puedes originar la fuerza originadora; debe originarte a ti; pero lo que puedes hacer es distribuirla. Por lo tanto, si experimentas cualquier sensación de fricción, debes estar seguro de que hay algo mal en alguna parte; y puesto que Dios nunca puede cambiar, puedes estar seguro que la fricción está siendo causada por algún error en tu propio pensamiento – tú estás limitando al Espíritu de alguna manera, ponte a trabajar para descubrir lo que es. Es siempre el limitar al Espíritu lo que causa esto. Tú lo estás atando a las condiciones en alguna parte, diciendo que está atado a causa de algunas de las formas existentes. El remedio es regresar al punto de partida original de la Creación Cósmica y preguntar: ¿Dónde estaban las formas preexistentes que entonces dictaron al Espíritu? Luego, porque el Espíritu nunca cambia, sigue siendo el mismo y es tan independiente de las condiciones existentes ahora como lo fue en el principio, por lo tanto, debemos pasar por encima de todas las condiciones existentes, aunque aparentemente adversas, e ir directamente al Espíritu como el creador de nuevas formas y nuevas condiciones. Esto en verdad es un Nuevo Pensamiento, porque no se preocupa por las cosas antiguas, sino que va directamente desde donde estamos ahora. Cuando hacemos esto, solamente confiando en el Espíritu y no estableciendo los detalles particulares de su acción - sólo diciendo lo que queremos sin dictar cómo vamos a conseguirlo - veremos que las cosas se abrirán cada vez más claramente día a día tanto en el plano interior como en el exterior. Recuerda que el Espíritu está vivo y trabajando aquí y ahora, porque si alguna vez el Espíritu va pasar del pasado al futuro, debe ser a través del presente; por lo tanto, lo que tienes que hacer es adquirir el hábito de vivir directamente desde el Espíritu aquí y ahora. Pronto descubrirás que se trata de una relación personal perfectamente natural y que no requiere condiciones anormales para su producción. Simplemente trata al Espíritu como lo harías con cualquier otra persona sensata de buen corazón, recordando que siempre está ahí "más cerca que las manos y los pies" - como dice Tennyson - y gradualmente comenzarás a apreciar su reciprocidad en realidad como un hecho muy práctico.

Esta es la relación de Hefzibá con Ishi y es esa devoción en Espíritu y en verdad que no necesita ni el templo en Jerusalén ni tampoco en Samaria para su aceptación, porque el mundo entero es el templo del Espíritu y tú mismo su santuario. Mantén esto en mente y recuerda que nada es demasiado grande o demasiado pequeño, demasiado interno o demasiado externo para el reconocimiento y la operación del Espíritu, ya que el

Espíritu es en sí mismo tanto la Vida como la Sustancia de todas las cosas y también es el autorreconocimiento desde el punto de vista de tu propia individualidad y, por lo tanto, porque el autorreconocimiento del Espíritu es la Vida del proceso creativo, tú simplemente confiando en que el Espíritu trabajará de acuerdo a su propia naturaleza, pasarás cada vez más completamente a ese Nuevo Orden que procede del pensamiento de aquel que dice: "He aquí yo hago nuevas todas las cosas".

XI

EL PASTOR Y LA PIEDRA

La metáfora del Pastor y la Oveja es de constante ocurrencia a través de la Biblia y naturalmente sugiere la idea de guiar, custodiar y alimentar tanto a las ovejas individuales como a todo el rebaño, y no es difícil ver la correspondencia espiritual de estas cosas de una manera general. Pero encontramos que la Biblia combina la metáfora del Pastor con otra metáfora de la "Piedra", y a primera vista los dos parecen bastante incongruentes.

"De allí es el Pastor, la Piedra de Israel", dice el Antiguo Testamento y Jesús se llama a sí mismo ambos, "El Buen Pastor" y "La Piedra que los constructores rechazaron." El Pastor y la Piedra son así identificados y, por lo tanto, debemos buscar la interpretación en alguna concepción que combine a ambos. Un pastor sugiere cuidado Personal para el bienestar de las ovejas y una inteligencia mayor que la de ellas. Una piedra sugiere la idea de Construcción y consecuentemente de medida, adaptación de partes al todo y progresiva construcción de acuerdo al plan. Combinando estas dos concepciones, tenemos la idea de la construcción de un edificio cuyas piedras son personas, cada una tomando su parte más o menos consciente en la construcción - es decir, un edificio no construido desde el exterior, sino autoformado por un principio de crecimiento desde el interior bajo la guía de una Sabiduría Suprema que impregna el todo y que lo conduce etapa por etapa hasta su plenitud final. Esto señala un Orden Divino en los asuntos humanos con el cual podemos cooperar más o menos conscientemente, tanto para nuestro beneficio personal como para el avance del gran esquema de la evolución humana como un todo; el objetivo final es establecer en todos los hombres ese principio de "La Octava" el cual ya he mencionado; y en la medida en que algún conocimiento de este principio es comprendido por los individuos y por grupos de individuos, ellos especializan la ley del desarrollo de la raza, aun cuando no sean conscientes del hecho y, por lo tanto, se someten a un trabajo especializado de la Ley fundamental, la cual así los diferencia de otros individuos y nacionalidades, como por una peculiar guía, produciendo desarrollos más elevados, los cuales la operación meramente genérica de la Ley no podría producir.

Ahora bien, si mantenemos firmemente en la mente que, aunque el propósito, o Ley de Tendencia, o el Espíritu Originario debe ser siempre universal en su naturaleza, debe ser necesariamente individual en su operación, veremos que este propósito universal sólo puede ser alcanzado mediante la instrumentalización de medios específicos. Esto se desprende de la proposición fundamental de que el Universo sólo puede trabajar en el plano de lo Particular convirtiéndose en lo individual y lo particular; y cuando comprendemos el concepto de que la operación meramente genérica de la Ley Creativa ha llevado ahora a la raza humana lo más lejos que puede, es decir, ha evolucionado completamente el género homo puramente natural, se deduce que cualquier desarrollo posterior, sólo puede ser por la cooperación del propio individuo.

Ahora, es la difusión de esta cooperación individual a la que nos está conduciendo el movimiento de avance del Espíritu y es la extensión gradual de este principio universal al que se alude en la profecía de Daniel con respecto a la Piedra cortada sin ayuda de manos que se extiende hasta que llena toda la tierra (Daniel 2:34-35). Según la interpretación dada por Daniel, esta Piedra es el emblema de un Reino espiritual, y la identidad de la Piedra y el Pastor indica que el Reino de la Piedra debe ser también el Reino del Pastor; y el Maestro, que se identificó él mismo con la Piedra y el Pastor, declaró enfáticamente que este Reino era, en su esencia, un Reino interior: - "El Reino de los Cielos está dentro de ustedes". Por lo tanto, debemos buscar su fundamento en un principio espiritual o ley mental inherente a la constitución de todos los hombres, pero esperando ser llevados a un desarrollo más completo mediante un cumplimiento más preciso de sus requisitos esenciales; que es precisamente el método por el cual la ciencia ha evocado poderes de las leyes de la naturaleza que no fueron soñados en épocas pasadas; y de la misma manera, el reconocimiento de nuestra verdadera relación con el Espíritu Universal - que es la fuente de todo ser individual - debe conducir a un avance tanto para la raza como para el individuo que en la actualidad apenas podemos formarnos una remota idea, pero que captamos débilmente a través de la intuición y del que hablamos como el Nuevo Orden. El acercamiento de este Nuevo Orden está en todas partes haciéndose sentir vagamente; como dicen los franceses 'está en el aire' y la misma vaguedad y misterio que le acompañan está causando una sensación de inquietud en cuanto a qué forma puede asumir. Pero esto no debería ser el caso para el estudiante de la Ley Espiritual. Él sabe que la Forma es siempre la expresión del Espíritu y puesto que está en contacto con el movimiento de avance del Espíritu, sabe que él mismo siempre estará armoniosamente incluido en cualquier forma de desarrollo que el Gran Movimiento de Avance pueda tomar. Este es el beneficio práctico y personal que se deriva de la comprensión del Principio el cual se simboliza bajo la doble metáfora del Pastor y la Piedra y en todos aquellos nuevos desarrollos que quizás estén ahora dentro de una distancia medible, podemos descansar en el conocimiento que estamos bajo el cuidado de un Pastor bondadoso y bajo la formación de un sabio Maestro Constructor.

Pero el principio del Pastor y de la Piedra no es algo hasta ahora desconocido, que sólo entrará en existencia en el futuro. Si no hubiera manifestaciones de este principio en el pasado, podríamos cuestionarnos si existió tal principio; pero un estudio cuidadoso del tema nos demostrará que ha estado operando a través de los siglos, a veces en modos que muestran el aspecto del Pastor y a veces en modos que muestran el aspecto de la Piedra, aunque uno siempre implica el otro, porque son lo mismo visto desde diferentes puntos de vista. El tema es de gran interés, pero abarca una gama de estudios tan amplia que todo lo que puedo hacer aquí es señalar que existe un campo de investigación de este tipo y que vale la pena explorarlo; y la exploración trae consigo su recompensa, no sólo poniéndonos en posesión de la clave de la historia del pasado, sino también mostrándonos que es la clave de la historia del futuro y aún más, haciendo evidente a gran escala el funcionamiento del mismo principio de la Ley Espiritual mediante la cooperación con lo cual podemos facilitar el proceso de nuestra propia evolución individual. Por lo tanto, añade un vivido interés a la vida, dándonos algo digno hacia lo cual mirar y presentándonos un futuro personal que no está limitado por los proverbiales setenta u ochenta años. Ahora bien, hemos visto que la primera etapa en el Proceso Creativo es siempre la del Sentimiento – un alcance del Espíritu en una dirección particular y, por lo tanto, podemos buscar algo del mismo tipo en el desarrollo del gran principio que ahora estamos considerando. Y encontramos el primer vago movimiento de este gran principio en las intuiciones de una raza particular que, desde tiempos inmemoriales, parece haber combinado las dos características de los nómades que vagan con sus rebaños y manadas, y la simbolización de sus creencias religiosas en los monumentos de piedra. Los monumentos mismos han tomado diferentes formas en diferentes países y edades, pero la identidad de su simbolismo se hace evidente bajo una cuidadosa investigación. Junto a este simbolismo, encontramos siempre el carácter nómade de los constructores y que están revestidos de un aura de misterio y romance que no encontramos en ninguna otra parte, pero que siempre lo encontramos alrededor de estos constructores, incluso en países tan lejanos como India e Irlanda. Luego, al pasar más allá de la etapa meramente monumental, encontramos evidencia histórica conectando las diferentes ramas de esta raza, aumentando en su complejidad y fortaleciéndose en su fuerza acumulativa a medida que avanzamos, hasta que finalmente llegamos a la historia de la edad en que vivimos; y finalmente las afinidades más notables de la lengua ponen el toque final a la masa de las pruebas que se pueden reunir a lo largo de todas estas diversas líneas. En este círculo mágico, países tan alejados unos de otros como Irlanda y Grecia, Egipto e India, Palestina y Persia, son llevados a estrecha cercanía - una tradición similar, e incluso una nomenclatura similar, unen a los misteriosos constructores de la Gran Pirámide con los igualmente misteriosos constructores de las Torres Circulares de Irlanda - y la Gran Pirámide en sí, tal vez anterior a la llamada de Abraham, reaparece como el sello oficial de los Estados Unidos; mientras que la tradición remonta la piedra de coronación en la Abadía de Westminster a la época del templo de Salomón e incluso antes. En su mayor parte, los pueblos errantes de antaño, están ahora establecidos en sus hogares destinados, pero la raza anglosajona - el Pueblo de la Piedra Angular- siguen siendo los pioneros entre las naciones y hay algo esotérico en la antigua broma que dice que cuando se llega al Polo Norte, se encuentra un escocés allí. Y no menos importante, en la cadena de evidencia, es el vínculo que ofrece una tribu aún errante, los Gitanos con su duplicado de la pirámide en el paquete de cartas - un volumen que ha sido llamado "El Libro de Imágenes del Diablo" por aquellos que lo conocen sólo en su uso indebido e invertido, pero que cuando se interpreta a la luz del conocimiento que ahora estamos obteniendo, constituye un ejemplo notable de esa política Divina por la cual, como dice San Pablo - Dios emplea las cosas necias de este mundo para confundir al sabio - pero la comprensión más verdadera de los gitanos mismos, indica su inconfundible conexión con esa raza que a través de toda su vida errante ha sido siempre el guardián de la piedra.

En estos pocos párrafos sólo he podido señalar muy brevemente las amplias líneas de investigación sobre un tema de importancia nacional para los pueblos británicos y estadounidense, y que nos interesa personalmente, no sólo como miembro de estas naciones, sino como prueba, a una mayor escala, de la misma especialización de leyes universales que cada uno de nosotros tiene que realizar individualmente por sí mismo. Pero ya sea el proceso individual o nacional, es siempre el mismo y es la traducción al plano más elevado – ese de la Vida Todo-Originaria misma - de la antigua máxima de que "la Naturaleza nos obedecerá exactamente en la medida en que obedezcamos primero a la Naturaleza"; es la antigua parábola del Señor quien, encontrando a sus sirvientes velando y esperándole, se ciñe a sí mismo y les sirve. (Lucas 12:35-37) La nación o el individuo que así reconoce el verdadero principio del Pastor y de la Piedra, se encuentra bajo una especial guía y protección Divina, no por un favoritismo incompatible con la concepción de la ley universal, sino por la operación de la Ley misma. Han entrado en contacto con sus posibilidades más elevadas y, para volver a una analogía que ya he empleado, ellos aprenden a hacer flotar su hierro por la misma ley por la cual se hunde; y así se convierten en el rebaño del Gran Pastor y la construcción del Gran Arquitecto, y cada uno, por insignificante que parezca ser su esfera, se hace participe en la gran obra y por una consecuencia lógica, empieza a crecer en nuevas líneas de desarrollo por la sencilla razón de que un nuevo principio necesariamente produce nuevos modos de manifestación.

Si el lector reflexiona sobre estas cosas, verá que las promesas contenidas en la Biblia, ya sean nacionales o personales, no son otra cosa que declaraciones de la ley universal de Causa y Efecto aplicada a los principios más íntimos de nuestro ser y que, por lo tanto, no es simple rapsodia, sino la expresión figurativa de una gran verdad cuando el salmista dice: "El Señor es mi Pastor", y "Tú eres mi Dios y la Roca de mi salvación".

XII

LA SALVACIÓN ES DE LOS JUDIOS

¿Qué significa esta frase del Maestro? Ciertamente, no es una simple asunción arrogante en favor de su propia nacionalidad – tal idea es negada, no sólo por la universalidad de todas sus otras enseñanzas, sino también por la misma instrucción en que se dan estas palabras, pues él declaró que el templo judío al igual que el samaritano, no tenían nada que ver en el asunto. Él dijo que la verdadera adoración era puramente espiritual y completamente independiente de lugares y ceremonias, mientras que al mismo tiempo enfatizaba la expectativa judía de un Mesías, de modo que en esta enseñanza nos encontramos con la paradoja de un principio universal combinado con lo que a primera vista aparece como una tradición tribal bastante incompatible con cualquier reconocimiento del reino universal de la ley.

Entonces, cómo conciliar estos aparentes opuestos, parece ser el problema que él nos plantea aquí. Su solución se encuentra en ese principio que he tratado de aclarar a lo largo de estas conferencias, la especialización de la ley universal. Las opiniones pueden diferir en cuanto a si la narrativa bíblica del nacimiento de Cristo debe ser tomada literalmente o simbólicamente, pero en cuanto al principio espiritual implicado allí, yo creo que no puede haber ninguna diferencia de opiniones. Es el de la especialización por parte del individuo de la relación genérica del alma con el Espíritu Infinito del cual procede. La relación en si misma es universal y resulta de la naturaleza misma del proceso creativo, pero la ley de la relación universal admite una especialización particular exactamente de la misma manera que todas las demás leyes naturales - simplemente aplicando a la ley suprema de la vida el mismo método por el cual hemos aprendido a hacer flotar el hierro, es decir, mediante un reconocimiento más pleno de lo que la Ley es en sí misma. Cualquier otro significado que podamos aplicar al nombre de Mesías, indudablemente representa la manifestación absolutamente perfecta en el individuo de todas las infinitas posibilidades del Principio de Vida.

Ahora, fue porque este gran ideal es la base sobre la cual fue fundada la nacionalidad hebrea, que Jesús hizo esta declaración. Este fundamento ha sido lamentablemente malinterpretado por el pueblo judío, pero, aun así, por imperfecto que sea, todavía es sostenido por ellos y se ha extendido por todo el mundo cristiano. Aquí también sigue siendo lamentablemente malinterpretado, sin embargo, todavía se conserva y sólo necesita ser reconocido en su verdadera luz como un principio universal, en lugar de un dogma ininteligible, para convertirse en la salvación del mundo. Por lo tanto, como ha proporcionado el medio por el cual este ideal supremo se ha preservado y difundido, es cierto que "la salvación es de los judíos".

Su idea fundamental era correcta, pero su comprensión era errónea - por eso el Maestro al mismo tiempo, barre el culto del templo y preserva la idea del

Mesías; y esto es igualmente cierto en el mundo cristiano en la actualidad. Si la salvación es algo real, debe tener su causa en alguna ley, y si hay una ley debe estar fundada en algún principio universal: por lo tanto, es este principio el que debemos buscar si queremos entender esta enseñanza del Maestro.

Ahora bien, ya sea que tomemos la historia bíblica del nacimiento de Cristo literalmente o simbólicamente, enseña una gran lección. Enseña que el Espíritu Todo-originario es el verdadero Padre del individuo, tanto en alma como en cuerpo. Esto no es otra cosa que comprender desde el punto de vista de lo individual, lo que no podemos dejar de comprender respecto a la creación original del cosmos: es la comprensión de que el Espíritu Todo-originario es a la vez la Vida y la Sustancia en cada individuo aquí y ahora, tal como debe haber sido en el origen de todas las cosas. El parentesco humano no cuenta para nada - es sólo el canal a través del cual el Espíritu Universal ha actuado para la concentración de un centro individual; pero la causa última de ese centro, tanto en la vida como en la sustancia, continúa en cada momento siendo el mismo Espíritu Originario.

Este reconocimiento corta la raíz de todo el poder de lo negativo, y en principio nos libra de todo mal, porque la raíz del mal es la negación del poder del Espíritu para producir el bien. Cuando reconocemos que el Espíritu está encontrando su propia individualización en nosotros, en su doble esencia como Vida y Sustancia, entonces vemos que es capaz y está dispuesto a crear para nosotros todo el bien. El único límite es lo que nosotros mismos imponemos al negar su operación, y cuando nos damos cuenta de la creatividad inherente del Espíritu, encontramos que no hay razón por la cual deberíamos detenernos en algún momento y decir que no podemos ir más lejos. Nuestro error consiste en considerar la vida del cuerpo como algo separado de la vida del Espíritu, y este error se encuentra en la consideración de que, en su naturaleza última, la Sustancia debe emanar del Espíritu y no es otra cosa que el registro de la concepción del Espíritu de sí mismo, encontrando expresión en el espacio y el tiempo. Y cuando esto se hace claro, se deduce que la Sustancia no necesita ser tomada en consideración en absoluto. La forma material se encuentra en la misma relación con el Espíritu, que la imagen proyectada en la pantalla con la diapositiva del proyector. Si deseamos cambiar lo exhibido no manipulamos el reflejo en la pantalla, sino que cambiamos la diapositiva; y de la misma manera, cuando reconocemos la verdadera naturaleza del proceso creativo, aprendemos que las cosas exteriores deben ser cambiadas por un cambio de la actitud espiritual interior. Nuestra actitud espiritual siempre estará determinada por nuestra concepción de nuestra relación con Dios o con el Espíritu Infinito; y así cuando comenzamos a ver que esta relación es una de absoluta reciprocidad - que es el autorreconocimiento del Espíritu Infinito desde nuestro propio centro de conciencia - entonces encontramos que todo el Secreto de la Vida consiste simplemente en confiar en el Espíritu Todo-Creador como conscientemente identificándose con nosotros. Por así decirlo, ha despertado a un nuevo modo de autorreconocimiento peculiar a nosotros mismos, en el que individualmente formamos el centro de su energía creativa. Comprender esto es especializar el Principio de Vida. La lógica de esto, es simple. Hemos encontrado que el movimiento originario del Espíritu del cual procede toda la creación, sólo puede ser autocontemplación. Entonces, puesto que el Espíritu Original no puede cambiar su naturaleza, su autocontemplación, a través de nuestras propias mentes, debe ser tan creativa en nosotros, para nosotros y a través de nosotros, como lo fue siempre en el principio; y consecuentemente encontramos el proceso creativo original repetido en nosotros mismos y dirigido por el pensamiento consciente de nuestras propias mentes.

En todo esto no hay lugar para la consideración de las condiciones externas, ya sea del cuerpo o las circunstancias; porque sólo son efectos y no la causa; y por lo tanto cuando alcanzamos este punto de vista, dejamos de considerarlos en nuestros cálculos. En lugar de ello, empleamos el método de la autocontemplación, sabiendo que éste es el método creativo y así nos contemplamos a nosotros mismos como aliados del infinito Amor y Sabiduría del Espíritu Divino que tomará forma a través de nuestro pensamiento consciente y actuará creativamente como una Providencia Especial completamente dedicada a protegernos, guiarnos, proveernos e iluminarnos. Todo esto es perfectamente natural cuando es visto desde un claro reconocimiento de lo que el trabajo creativo del Espíritu debe ser en sí mismo; y cuando es comprendido de esta manera perfectamente natural, cesa toda tensión y esfuerzo por obligar su acción – somos uno con el Poder Todo-creador que ahora ha encontrado un nuevo centro en nosotros mismos desde el cual continuar su trabajo creativo hacia una manifestación más perfecta de las que podría lograrse a través de las condiciones genéricas no especializadas del orden meramente cósmico.

Ahora bien, esto es lo que representa el Mesías y por eso, está escrito que "a los que creen en su nombre, les dio poder para ser hechos hijos de Dios". Esta "creencia" es el reconocimiento de un principio universal y la confianza personal en ello como una ley que no se puede romper, porque es la Ley de todo el proceso creativo, especializada en nuestra propia individualidad. Entonces, por muy grande que sea el misterio, la eliminación y la limpieza de todo pecado sigue como una parte esencial de esta realización de la nueva vida; y es en este sentido que podemos leer todo lo que la Biblia nos dice sobre este aspecto del tema. El principio de ello es el Amor; porque cuando estamos reunidos con el Espíritu Paterno en la confianza mutua y el amor, ¿qué espacio hay para algún recuerdo de nuestros fracasos pasados?

Esto, entonces, es lo que el Mesías representa para el individuo; pero si podemos concebir una nación basada en tal reconocimiento de su especial relación con el Poder Directivo del Universo, tal pueblo debe necesariamente convertirse en el líder de las naciones y los que se oponen a ella deben fracasar por un principio autodestructivo inherente a la naturaleza misma de la posición que ocupan. El liderazgo resultante de tal autorreconocimiento, no se basará en la conquista y la compulsión, sino que vendrá naturalmente. Otras naciones investigarán la razón del fenomenal éxito y prosperidad del pueblo favorecido, y encontrando esta razón en una Ley universal, comenzarán a aplicar la misma ley de la misma manera y así los mismos resultados se extenderán de un país a otro hasta que por fin toda la tierra esté llena de la gloria del Señor. Y tal nación y, mejor dicho, compañía de naciones, existe. Rastrear su presente desarrollo desde sus antiguos comienzos está más allá del alcance de este volumen, y aún más especular sobre su crecimiento posterior; pero a mis lectores de ambos lados del Atlántico puedo decir que este pueblo es la raza anglosajona en todo el mundo. Escribo estas líneas sobre la histórica colina de Tara; esto dará una pista a muchos de mis lectores. En algún momento futuro puedo ampliar sobre este tema; pero en la actualidad mi objetivo es sugerir algunas líneas de pensamiento derivadas de la afirmación del Maestro de que "la Salvación es de los judíos".

Fin

Sabiduría de Ayer, para los Tiempos de Hoy

www.wisdomcollection.com

Manufactured by Amazon.ca
Bolton, ON

12576878R00067